Eva Maria Dreykorn

Positiv
älter werden

...bleib jung im Hirn!

Bibliografische Information der Deutschen Nationalbibliothek: Die Deutsche Nationalbibliothek verzeich-
net diese publikation in der Deutschen Nationalbiblio-
grafie, deteillierte bibliografische Daten sind im Internet über dnb.dnb.de abrufbar.

© 2022 Eva Maria Dreykorn
Herstellung und Verlag:
BoD – Books on Demand, Norderstedt

Grafische Gestaltung: Eva Maria Dreykorn
Bildmaterial BigStockPhoto

ISBN: 978-3-756226580

Inhalt

Vorwort

„Alt ist ein Mensch nicht,
wenn es an seinem Körper zu zwicken beginnt, nicht,
wenn das Treppensteigen schwerfällt,

nicht, wenn die Augen nicht mehr so recht wollen,
nicht, wenn sein Haar ergraut.

Alt ist ein Mensch,
wenn er aufhört zu staunen
oder es überhaupt nicht gelernt hat,
wenn also seine Fantasie ergraut."

Sir Peter Ustinov

Wir leben länger als unsere Vorfahren. Wie werden wir die nächsten Jahrzehnte unseres Lebens planen, und wie werden wir uns darauf vorbereiten?

Für manche von uns ist es eine beängstigende Zeit, die mit Veränderungen und Einsamkeit verbunden ist. Das muss nicht sein. Wir sind soziale Wesen und das Älterwerden ist kein Einzelsport. Genau darum geht es beim positiven Altern.

Die Art und Weise, wie wir die Veränderungen definieren, betrachten und akzeptieren, ist entscheidend für unsere Fähigkeit, "in Würde zu altern". Positives Altern ermöglicht es uns, die erwarteten und unerwarteten Veränderungen, die wir erleben, zu überstehen.

Ich konnte während meiner vielen Reisen verschiedene Kulturen kennenlernen und habe dabei festgestellt, dass Älterwerden nicht bei allen Menschen auf die gleiche Weise definiert wird.

In Asien zum Beispiel werden die Älteren verehrt. Die Menschen suchen bei ihnen nach Weisheit und Führung. Diese Kulturen sehen die Älteren nicht als Last oder Hindernis an. Sie respektieren sie.

Bei unseren Geschäftsreisen nach Indonesien und Malaysia musste ich schnell erfahren, dass ich als Frau einen anderen Stellenwert hatte. Wir wurden als älteres Ehepaar mit großem Respekt behandelt, in der Sicht unserer Geschäftspartner jedoch mutierte ich von der selbständigen Unternehmerin zur Ehefrau und treuen Gefährtin meines Mannes.

Ich habe es sehr genossen, von den asiatischen Damen der Gesellschaft zum Nachmittagstee eingeladen zu werden und ihre bezaubernden Gärten zu bewundern, statt über die politische und wirtschaftliche Situation ihres Landes zu diskutieren. Vor allem hat mich das respektvolle Verhalten der Kinder berührt. Wir standen immer im Mittelpunkt des Geschehens. Sie interessierten sich für uns, stellten viele Fragen und gaben uns Anerkennung und Wertschätzung.

Westliche Kulturen schätzen die Jugend und körperliche Schönheit mehr als die Weisheit, die mit dem Alter kommen kann. Sie haben eine andere Sichtweise. Oft sind es die Angehörigen dieser Gruppe, die das Altern bekämpfen wollen. Ewige Jugend ist das Motto, ein dankbares Marketingkonzept für die Pharma- und Kosmetikindustrie.

Das Altern ist unvermeidlich. Älterwerden ist kein Krankheitszustand, den es gilt, medizinisch zu bekämpfen. Es ist ein natürlicher Vorgang, der schon in jungen Jahren beginnt. Nur bemerken wir ihn erst in dem Moment, wenn die ersten „Zipperlein" beginnen.

Wenn wir älter werden und in unserer Gesellschaft an Wert verlieren, kämpfen wir darum, unseren Platz zu finden. Wir müssen uns neu definieren, unseren Sinn und Zweck erkennen.

Während meines ganzen Lebens gab es immer Menschen in meinem direkten Umfeld, die für mich alt waren. Als Teenager im Alter von 14 Jahren waren die 30jährigen Frauen für mich alt. Sie hatten einen Mann und im Durchschnitt zwei Kinder, Verantwortung und vor allem sehr viel Arbeit. Ende 20 waren es die 45jährigen, die ein Alter erreicht hatten, das sie zur älteren Generation machte, und ich fühlte mich im Vergleich jung und dynamisch.

Als ich selbst auf die vierzig zusteuerte, waren es die 50jährigen, stressgeplagt und ihren baldigen Ruhestand vor Augen. Ich wurde 65 und das war für Gesellschaft, Wirtschaft und Politik "alt".

Wie alt wir sind, hängt nicht nur von unserem Geburtsdatum ab. Unser biologisches Alter wird stark von unserem Lebensstil beeinflusst.

Ich darf meine aktuelle Situation des Alterns nicht mit früheren Lebensphasen vergleichen. Mein Blick richtet sich auf meine aktuellen Fähigkeiten! Vergessen sind frühere Fehler und Einbußen! Ich umgebe mich mit Menschen, die mir ein Wohlbefinden verschaffen!

Wir älteren Menschen werden oft unterschätzt. Was allerdings viel schlimmer ist, viele unterschätzen sich selbst. Unsere geistige Leistungsfähigkeit lässt im Alter nicht nach, wir müssen sie nur zulassen. Ich habe viele Menschen getroffen, die nach ihrem Ruhestand nochmals einen Neustart gewagt haben, um sich auf der Bühne des Lebens neu zu positionieren.

Jane Fonda, eine erfolgreiche Schauspielerin, hat eine interessante Metapher für das Älterwerden kreiert. Sie vergleicht den Prozess des Alterns mit einer Leiter, die wir stufenweise erklimmen, um zu mehr Weisheit, Gelassenheit und Authentizität zu gelangen. Internationale Wissenschaftler haben sogar herausgefunden, dass Menschen über 50 sorgloser, weniger gestresst und furchtloser sind. Manche Recherchen haben ergeben, dass wir ab 50 glücklicher sind.

Nun mögen viele dies bezweifeln, doch durch zunehmende Gelassenheit erkennen wir im Alter, dass wir die meisten Dinge nicht ändern können. „Et kütt wie et kütt" sagen die Kölner und erreichen somit eine positive Einstellung zum Leben. Nun gelingt es sicherlich nicht jedem Menschen, das "Dritte Lebensalter" froh und unbeschwert zu genießen. Dies ist oftmals genetisch bedingt, doch etwas können wir alle tun, um unser Älterwerden positiv zu beeinflussen, indem wir neue Herausforderungen und Chancen wahrnehmen und nicht alten Zeiten nachtrauern.

Ich habe in diesem Buch Schlüsselfaktoren für ein positives Altern alphabetisch zusammengestellt.

Es sind meine persönlichen Erfahrungen die ich in den letzten Jahren machen konnte. An dieser Stelle möchte ich meinem Mann für die vielen Impulse danken, die er mir während mehr als 40 Ehejahren gegeben hat. Seine optimistische Lebenseinstellung hat mir geholfen, die positiven Aspekte des Alters kennen und leben zu lernen.

Er hat mich inspiriert, dieses Buch zu schreiben, um meine Erfahrungen einer positiven Gestaltung des „Dritten Lebensalters" weiter zu geben.

***

A

„Das Alter kennzeichnet nicht,
einen Lebensabschnitt, sondern
eine Geisteshaltung.

Sie ist Ausdruck des Willens,
der Vorstellungskraft
und der Gefühlsintensität.

Sie bedeutet Sieg des Mutes über Mutlosigkeit,
Sieg der Abenteuerlust über den Hang
zur Bequemlichkeit!"

Marc Aurel, (121 – 180 n. Chr)
Römischer Kaiser und Philosoph

Anerkennung

Als älterer Mensch will ich nicht als Leistungsempfänger gelten, sondern als Leistungsträger für die Gesellschaft anerkannt werden.

Mein Selbstwertgefühl leidet, wenn ich keine Anerkennung bekomme. Im Berufsleben wurde ich durch Kompetenz und Wissen bewundert und geschätzt. Es gilt zu verhindern, dass diese Wertschätzung nach Eintritt in den Ruhestand nicht nachlässt!

Das zu erreichen ist und bleibt mein Ziel. Die Zeiten verändern sich rasend schnell und somit auch die Halbwertzeit. Früher gelerntes Wissen musste ich erweitern, ja fast ganz erneuern und den heutigen Bedürfnissen anpassen. Meine alten Geschichten und Erfolge interessieren nicht, es gilt "mit der Zeit zu gehen".

Ich leitete eine Inventur meines Könnens und Wissens ein, zog Bilanz meiner Erfahrungen und erstellte gedanklich ein Konzept, wie ich andere Menschen damit beraten und beeindrucken kann. Ich war selbst erstaunt, wie viel Anerkennung und Lob ich erhalten habe. Das tut gut und steigert das Selbstwertgefühl.

Aufgaben

Ich will gebraucht werden, also stelle ich mir Aufgaben, um mir zu beweisen, dass meine Kompetenz mit zunehmenden Jahren nicht abnimmt! Im Gegenteil: Ich nehme Herausforderungen gelassener hin und beweise daher Durchhaltevermögen!

Das Sozialsystem in Deutschland würde nicht funktionieren, wenn viele ältere Menschen kein sogenanntes Ehrenamt ausübten. Freiwilliges Engagement bedeutet nicht nur eine Hilfe für andere, sondern stärkt das Selbstwertgefühl, sorgt für Anerkennung und hilft gegen Einsamkeit im Alter. Eine ehrenamtliche Tätigkeit, hilft den Tag neu zu konstruieren. War mein Terminkalender während meiner beruflichen Tätigkeit ständig voll, so ist es ein seltsames Gefühl Zeit zu haben. Kein Wecker unterbricht abrupt meine Träume, keine Termine schränken meine Freizeit ein, kurz, ich habe eine neue Unabhängigkeit gefunden, die es zu bewältigen gilt.

Es liegt an mir, mich im Ruhestand neu zu positionieren. Denn nur so erreiche ich die Anerkennung und Wertschätzung meiner Mitmenschen.

Attraktivität

Wäre die Wahrnehmung der Attraktivität nur auf das optische Erscheinungsbild reduziert, hätte ich im Alter weniger Chancen. Werden wir doch ständig mit Fotos und Videos von makellosen Körpern und faltenlosen Gesichtern der Stars und Models konfrontiert.

Doch Attraktivität ist etwas anderes. Es geht um die Kraft der Anziehung - die Schwingungen, die zwischen zwei Menschen entstehen können.

Wir haben alle schon erlebt, dass wir von einem Menschen fasziniert sind. Es sind zunächst die optischen Reize, die uns begeistern, und wir unterscheiden sehr schnell zwischen attraktiv und unattraktiv. Es ist ein Prozess, der im Unterbewusstsein abläuft und schwer zu erklären ist.

In der heutigen schnelllebigen Zeit werden wir in allen Bereichen gefordert, sogleich zu entscheiden und zu handeln. So auch in der Beurteilung von Menschen.

Es wird uns von den Medien ein Bild suggeriert, wie ein attraktiver Mensch aussehen sollte und im Unterbewusstsein folgen wir dem Aufruf.

Die Attraktivität im Alter lässt nicht nach, sie hat sich verändert. Ich denke zwar mit Wehmut an meine Wespentaille als Teenager und meine faltenlosen Gesichtszüge, doch ich versuche nicht mit Trendjargon und Mode der heute 14jährigen mitzuhalten!

Heute möchte ich durch Weisheit und Beständigkeit des Alters als kompetenter Partner jüngerer Menschen geschätzt werden.

Die Liebe entscheidet oftmals,
wen wir attraktiv
und schön finden.

Da jeder Mensch anders liebt
und geliebt wird,
ist die Schönheit auch so
vielfältig vorhanden.

Nicole Oesterwind

Aktivität

"Wer rastet, der rostet!"

Endlich habe ich Zeit und Muße Körper und Geist fit zu halten. Ich suche mir aktive Menschen, nicht nur über sechzig, und tanke neuen Lebensmut von jungen Menschen. Ich nehme Teil am heutigen Lifestyle, besuche Foren im Internet und tausche mich mit Gleichgesinnten aus!

So wie mein Körper physische Aktivität benötigt, um fit zu bleiben, ist die geistige Aktivität ebenso wichtig für mein Wohlbefinden im Alter. Mentale Übungen stimulieren Hirn und Gedächtnis und bewirken oft einen positiven Effekt auf meine Gedanken.

Aktivität kann sich in vielerlei Hinsicht positiv auf meine körperliche Gesundheit sowie auf mein emotionales und geistiges Wohlbefinden auswirken. Natürlich habe ich nicht mehr die Ausdauer und Beweglichkeit, die ich in jungen Jahren hatte. Jedoch Älterwerden muss nicht bedeuten, dass ich ein Stubenhocker werde.

Aktivität verbessert die Stimmung. Sie kann dazu beitragen, Angst- und Depressionssymptome zu lindern, die Entspannung zu fördern und ein allgemeines Gefühl des Wohlbefindens zu vermitteln.

Wissenschaftliche Studien beweisen, dass die stimmungsaufhellende Wirkung von körperlicher sowie geistiger Bewegung bis ins hohe Alter anhält, was unterstreicht, warum es so wichtig ist, aktiv zu bleiben.

Ich probiere aus Interesse etwas Neues aus! Die Medien helfen mir Yoga, Tai Chi und Qi Gong kennenzulernen. Schnell stelle ich fest, dass diese Körper- und Geistesübungen mein Energieniveau nicht verbessern.

Ich regeneriere mich lieber in der Natur bei ausgedehnten Spaziergängen und Gartengestaltung.

Es gibt für jeden Geschmack eine Vielzahl von Angeboten, um die Aktivität im Alter zu fördern.

***

B

„Bevor ein Kind mit dem Alphabet
und anderem Wissen
von der Welt befasst wird,
sollte es lernen, was die Seele ist,
was Wahrheit und Liebe sind,
welche Kräfte in der Seele schlummern.

Wesentlicher Teil der Bildung müsste sein, dass
das Kind unterwiesen wird,
wie man im Lebenskampf
Hass durch Liebe,
Unwahrheit durch Wahrheit,
Gewalt durch eigenes Leiden besiegt."

Mahatma Gandhi

Bildung

„Wer aufhört zu lernen, ist alt. Er mag zwanzig oder achtzig sein."

Das sagte Henry Ford, ein bemerkenswerter Mann, der vor 100 Jahren die Ford-Werke gründete und seither oft zitiert wird.

Es gibt keine Altersgrenze für Bildung. Wer nach 30 - 40 Jahren aus dem Arbeitsprozess aussteigt und in den Ruhestand geht, verfällt leicht in eine depressive Stimmung. Es fehlt der frühere Tages- und Arbeitsrhythmus, und schnell verliert manch einer jegliche Disziplin, seinen Tag zu gestalten. Hinzu kommen die bekannten Sprüche der Gesellschaft: *"Endlich kannst du ausschlafen, deinen Hobbys nachgehen"* und Vieles mehr.

Von der Gesellschaft nicht mehr gebraucht zu werden führt zwangsläufig zu Unzufriedenheit und innerer Leere. Hier bieten sich große Chancen, die gewonnene Freizeit für Weiterbildung zu nutzen. Die Angebote für Senioren sind groß. Vom Volkshochschulkurs bis zum Universitätsstudium wird den heutigen Senioren alles angeboten
Ich persönlich habe mit 60 Jahren noch eine Ausbildung zum Webmaster gemacht.

Webinare

Webinare sind ein neuer Weg, bequem von zu Hause aus an Kursen und Workshops teilzunehmen. Ich habe einige Themen meiner vergangenen Seminare neu konzipiert und stelle sie Interessenten online vor.

Ein Webinar ist ein Online-Kurs, der Wissen und Zerstreuung ins Haus bringt. Mit einem Computer mit Internetanschluss und einem Kopfhörer, betreten wir schnell den modernen Weg der Wissensvermittlung

Kurse und Workshops in Volkshochschulen

Neben altbewährten Volkshochschulen, die fast in jeder Stadt zu finden sind, gibt es mittlerweile viele ähnliche Institutionen.

Ich habe durch „Tandem", ein Angebot der Volkshochschulen für internationale Kommunikation, Alejandro aus Honduras und Laila aus Marokko kennengelernt. Mit ihnen konnte ich meine Sprachkenntnisse in Spanisch und Französisch auffrischen.

Gern besuche ich internationale Zentren und Clubs, um Menschen anderer Nationalitäten kennen zu lernen.

Wenige Worte einer Fremdsprache helfen, Mentalität und Kultur von Menschen anderer Länder zu verstehen.

Durch Bildungs- und Kulturreisen konnte ich fremde Länder und Kulturen entdecken und interessante Menschen kennenlernen.

Kulturkreise
In vielen Städten bilden sich Gemeinschaften von Gleichgesinnten. Jeder kann einen Beitrag leisten, ob Vortrag, Lesung oder andere kulturelle Darbietungen.

Nur Mut! Manch anerkannter Künstler begann in einem kleinen Kreis von Kultur interessierten Menschen eine beachtenswerte Karriere.

✳✳✳

Bekanntschaften

Mit ihren 77 Jahren hat Birgit Müller ein beneidenswertes soziales Leben: monatliche Abendessen und jährliche Weihnachtsfeiern mit verschiedenen Freundeskreisen, Reisen nach Berlin mit Vereinsfreunden, Kreuzfahrten und Ausflüge mit Nachbarn. Unnötig zu erwähnen, dass ihr Kalender immer voll ist.

Und das ist genau das, was diese lebenslange soziale Globetrotterin mag. Das Zusammensein mit Freunden macht Birgit nicht nur Spaß, sondern ist auch wichtig für ihr Wohlbefinden. "Es gibt nichts Besseres, als einen Freund im Leben zu haben", sagt sie. "Ich glaube, das ist gut für die Gesundheit - egal wie alt man ist. Zwanglose Bekanntschaften können eine wertvolle Bereicherung unseres Lebens sein. In der heutigen Zeit mit Facebook, Partnerportalen und Internet haben wir älteren Menschen größere Chancen Bekanntschaften zu schließen als unsere Großeltern.

Eine Bekanntschaft liegt in der Bedeutung zwischen einem Freund und einem Fremden.

Eine Bekanntschaft liegt außerhalb des familiären Kreises, kann jedoch ein wertvoller Wegbegleiter in guten wie in schlechten Zeiten sein.

Täglich treffe ich neue Menschen, beim Einkaufen, im Café oder beim Spazierengehen. Ich mache heute noch die tollsten Bekanntschaften bei meinem täglichen Spaziergang mit Shanty, meiner Schäferhündin. In den gängigen "Schnüffelzonen" treffen sie sich, die Hundeliebhaber, und während Struppi und Bello sich Schwanz wedelnd beschnuppern, kommt es oftmals bei den Besitzern zu hochinteressanten Gesprächen.

Bekanntschaften fördern den Informationsfluss, animieren zu mentaler Auseinandersetzung mit Alltagsproblemen, die ich meistens weder Familienangehörigen noch engen Freunden mitteile.

Früher spazierten wir durchs Dorf oder die Straßen des Wohnviertels und trafen Menschen, die Zeit und Lust zu einem unverfänglichen Plausch hatten. Heute wird selbst der Gang zur Post oder zum Bäcker per Auto getätigt, sodass immer weniger Chancen bestehen, Menschen zu treffen.

Ich mache mich ständig auf die Suche nach neuen Bekannten. Ich interessiere mich für Erfahrungen und Erlebnisse anderer Menschen. Das gibt mir neuen Lebensschwung, eine positive Lebenseinstellung und aktiviert mein Gedächtnis.

Berührungen

Das beruhigende Streichen über die Hand. Das aufmunternde Klopfen auf die Schulter. Der Mut machende Griff um die Oberarme. Die innige und liebevolle Umarmung. All das sagt: Berührungen tun gut.

Berührungen braucht der Mensch jeden Tag, denn sie sind so wichtig wie Wasser und Nahrung. Sie vermitteln Liebe, Wärme, Geborgenheit und Erleben.

Berührt werden schenkt Aufmerksamkeit und Wertschätzung, baut Ängste und Stress ab. Selbst unser Immunsystem profitiert davon.

Ohne Berührungen fühlen wir uns einsam und allein. Bereits ein ‚Streicheln' mit den Augen genügt, um der Seele Leichtigkeit und Schwung zu verleihen.

Kombiniert mit einer Umarmung wird daraus das pure Glücksgefühl.

Hände umfingen uns und trösteten, wenn wir uns als Kinder die Knie aufgeschrammt hatten. Bei Kummer und schmerzhaften Gefühlen bin ich dankbar, dass mein Mann stets zur Stelle ist, mir ohne Worte über das Haar und den Rücken streicht .

Berührungen gehören in der TCM (traditionelle chinesische Medizin) auch zu heilenden Prozessen.

Beweglichkeit

Unabhängig von unserem Alter wollen wir alle beweglich sein! Beweglichkeit ist ein wesentlicher Bestandteil guter Gesundheit und Fitness und ist besonders für uns Ältere wichtig.

Damit meine ich nicht die Art von Beweglichkeit, bei der du einen Spagat machst oder einen Salto auf dem Trampolin vorführst. Ich meine die Art von Flexibilität, bei der du in deinen Bewegungen nicht eingeschränkt bist. Das heißt, alle deine Gelenke flüssig zu bewegen und dich im Alltag mit Leichtigkeit fortbewegen kannst, ohne schmerzhafte Verspannungen, die durch verspannte Muskeln und steife Gelenke entstehen.

Oftmals denke ich an frühere Tage zurück, als ich mit Leichtigkeit meine Zehen berühren konnte. Ich war jedoch niemals in der Lage, einen Spagat zu machen oder gemeinsam mit den Nachbarskindern auf dem Trambulin einen abenteuerlichen Salto durchzuführen.

Unser Körper wird altern. Das ist unvermeidlich. Mit dem Älterwerden nimmt auch die Beweglichkeit ab, vor allem, wenn wir vergessen, was notwendig ist, um uns beweglich zu halten und gut zu bewegen. Ich habe diese Tatsache schmerzlich erfahren, als ich bei einem ungeschickten Stolpern meine Hüfte gebrochen habe. Meine Muskeln waren wohl zu schwach, um meinen

Sturz aufzufangen. Ich habe gelernt und arbeite seither täglich an meiner Fitness.

Der erste Schritt zur Verbesserung der Beweglichkeit besteht darin, mich jeden Tag mehr zu bewegen. Statt zum Einkaufen mit dem Auto zu fahren, gehe ich zu Fuß oder nehme das Fahrrad.

Ein täglicher Spaziergang und leichte Gartenarbeit kann ich bis ins hohe Alter praktizieren

Einige Aktivitäten eignen sich besser als andere, um die Beweglichkeit zu verbessern, aber ich will nicht täglich gegen meinen Willen kämpfen, um von meinem bequemen Lebensstil wegzukommen. Bewegung muss Spaß machen und nicht als lästig empfunden werden. Das ist der Schlüssel, um konsequent zu bleiben und gute Ergebnisse zu erzielen.

Hier sind weitere Aktivitäten, die ich seit geraumer Zeit praktiziere:

Wandern

Wandern ist nicht das erste, was den meisten Menschen in den Sinn kommt, wenn es um Bewegung geht, aber es ist eine ausgezeichnete und einfache Möglichkeit, etwas Bewegung in den Tag zu bringen. Ich profitiere von täglichen Spaziergängen aus einer Vielzahl von Gründen, die von der Gesundheit bis zur Zufriedenheit reichen.

Mediziner lehren, dass tägliches Gehen in zügigem Tempo die Herzfrequenz erhöht, was wiederum das Risiko von Herzproblemen wie Bluthochdruck, hohem Cholesterinspiegel und Herzinfarkt verringert. Tägliches Gehen senkt das Risiko von Herzkrankheiten nachweislich um 30 bis 50 %, aber selbst, wenn man ein paar Mal pro Woche geht, verringert sich das Risiko um 15 bis 20 %.

Wandern ist auch eine hervorragende Maßnahme gegen körperliche Behinderungen, die dazu führen können, dass ältere Erwachsene in ein Pflegeheim umziehen müssen.

Durch regelmäßiges Gehen werden wichtige Muskelgruppen trainiert, die dadurch stärker werden und länger durchhalten können.

Schwimmen

Schwimmen oder auch nur in einen Pool zu steigen,

mich zu bewegen, Übungen zu machen und mich zu dehnen, ist eine gute Möglichkeit, die Beweglichkeit zu verbessern. Außerdem habe ich beim Schwimmen den zusätzlichen Vorteil, dass meine Gelenke durch den Auftrieb weniger belastet werden.

Ein weiterer Vorteil des Schwimmens ist, dass es in einem beheizten Becken stattfindet. Die Wärme hat eine entspannende Wirkung auf meinen Körper, ich habe schon immer ein ausgiebiges Bad in der Badewanne genossen. Außerdem kann die Wärme schmerzhafte Zustände lindern, was wiederum die Beweglichkeit verbessert.

Tanzen

Tanzen tut nicht nur dem Körper gut, es hebt meine Stimmung und verbessert dadurch meine geistige Gesundheit, indem sich die Bewegung nach musikalischen Klängen positiv auf meine mentale und emotionale Verfassung auswirkt.

Ich kann beim Tanzen Spannungen abbauen und mich selbst in meinen Bewegungen ausdrücken. Ein weiterer Aspekt des Tanzes ist, dass es so viele verschiedene Tanzstile gibt, aus denen ich wählen kann. Und ganz gleich, wofür ich mich entscheide, das grundlegende Rückgrat des Tanzes ist Leidenschaft und Ausdruck. Es ermöglicht, aufgestaute Emotionen und Spannungen abzubauen, meine Gefühle auf gesunde Weise auszudrücken und meine eigene Individualität und Kreativität zum Ausdruck zu bringen.

Unser langjähriger Aufenthalt in Spanien hat meine Sicht auf das Tanzen positiv verstärkt. Die Fröhlichkeit und Leichtigkeit des Tanzens werden in Andalusien durch den Flamenco ausgedrückt.

Ich habe vor Jahren Margarita in Malaga kennengelernt. Sie hat mir Vieles über Sinn und Zweck des Flamencos erzählt. Heute ist sie 86 Jahre alt und tanzt immer noch mit Leidenschaft ihren Flamenco. In Andalusien gehört der Flamenco zum Straßenbild. Oftmals greift ein junger Mann zur Gitarre und schon bewegen sich die Menschen jeden Alters rhythmisch mit schwingenden Hüften nach dem Klang der Gitarre durch die Straßen.

Der Flamenco ist eine perfekte Methode, um Emotionen zu kanalisieren und vor allem zu erzeugen. Die Interpreten haben eine große Ausdrucksfähigkeit, so dass sie all ihre Emotionen durch ihre Körpersprache ausdrücken, wie Leidenschaft, Wut, Traurigkeit, Schmerz, Angst und Freude.

C

> „Nicht der Mensch hat am meisten gelebt,
> welcher die höchsten Jahre zählt,
> sondern der, welcher sein Leben am
> meisten empfunden hat..“
>
> Jean Jacques Rousseau

Camping

Ein neuer Zeitgeist ist angebrochen. Ältere Menschen überwintern mehr und mehr auf Campingplätzen. Vor allem im Süden Europas finden sich jährlich ganze "Camper-Kolonien", um dem kalten nordeuropäischen Klima zu entgehen. Hier blühen die von Arthritis und Rheuma geplagten Glieder auf. Die Sonne bewirkt Wunder, die Stimmung steigt und durch das beengte Wohnen im Wohnwagen oder Wohnmobil rücken die Menschen näher zusammen.

Empirische Forschungen belegen, dass in einem Zelt, Wohnwagen oder Wohnmobil vergleichsweise mehr gekuschelt, geschmust oder umarmt wird, als in Hotels oder oft auch in den eigenen vier Wänden.

Ein Campingplatz ist ein geeignetes Territorium, die Einsamkeit im Alter zu überwinden. Hier treffen sich Jung und Alt und helfen Generationenprobleme zu überbrücken. Stress und Zeitdruck sind beim Camping selten.

Camping ist ein „Marktplatz" für Respekt, Wertschätzung, Akzeptanz und Toleranz!

Camping bedeutet frei sein, sich unbeschwert fühlen, weg von häuslichen Zwängen, frische Luft, Geselligkeit genießen, und ist ein Zusammensein mit Gleichgesinnten, die fast eine Großfamilie darstellen, ungeeignet für Angeber oder Protzereien.

Der Austausch von Erfahrungen und eine aktive Kommunikation genießt unter Campern hohe Priorität. Es herrscht eine familiäre Atmosphäre, ohne die Individualität zu verdrängen.

Camping ist das Ausleben einer psychologischen Sehnsucht des ‚inneren Nomaden' in uns. Das wissen alle Camper, die gelernt haben, sich auf kleinstem Platz zu verstehen. Besonders dann, wenn es einmal mehrere Tage regnet.

Camping ist eine große Chance wieder einmal intensiv miteinander zu kommunizieren, Kreativität zu entdecken und neue Ziele zu navigieren.

***

D

„*Dankbarkeit ist eine Tugend.*
Wer dir Gutes getan hat, den ehre.
Danke ihm nicht nur mit Worten,
die ihm die Wärme
deiner Erkenntlichkeit zeigen,
sondern ergreife auch jede Gelegenheit,
wo du ihm wieder dienen und nützlich
werden kannst."

Adolph Knigge (1752 - 1796)

Dankbarkeit

Nach meinem Eintritt in den Ruhestand, fand ich es schwierig einen Sinn für mein Leben zu finden. Meine tiefe Liebe zu meinem Partner, der seine schwere Krankheit überwinden konnte, hat mir geholfen, meine Dankbarkeit zu kultivieren. Dieses Gefühl half uns, das große Ganze zu sehen und für die kleinen Dinge dankbar zu sein.

Täglich gibt es Situationen Dankbarkeit zu zeigen, indem ich den Menschen, denen ich im Alltag begegne, ganz bewusst „Danke" sage. Mit einem Lob, einer Anerkennung für kleine Gefälligkeiten geben wir dieses Gefühl der Dankbarkeit weiter und erfreuen uns an dem Lächeln, welches mir entgegengebracht wird.

Dankbarkeit stärkt das Selbstwertgefühl. Ähnlich wie ich nach dem Eintritt in den Ruhestand eine Flaute in meinem Lebenssinn erlebt habe, kämpfen viele ältere Menschen in ihren späteren Jahren mit einem geringen Selbstwertgefühl. Veränderungen des Aussehens können dazu beitragen, ebenso wie das Gefühl, von ihren erwachsenen Kindern oder anderen Familienmitgliedern vernachlässigt zu werden, weil sie mit ihren eigenen Familien beschäftigt sind.

Dankbarkeit zu üben, hilft uns daran zu erinnern, dass wir wertvoll sind, und verringert soziale Vergleiche.

E

> *Weise Lebensführung gelingt*
> *keinem Menschen durch Zufall.*
>
> *Man muss, solange man lebt,*
> *lernen, wie man leben soll.*
>
> *Seneca d.J.*

Emotionen

Positive Emotionen sind nicht nur "Glücksgefühle", denen wir nachjagen, um kurzzeitig Freude zu empfinden; wie die eher negativen Emotionen spielen sie eine wichtige Rolle im täglichen Leben. Sie fördern körperliche und psychische Gesundheit und stehen mit dem Gedächtnis in Verbindung.

Ich habe eine Liste von Schlüsselworten erstellt, die meine eigenen positiven Emotionen beschreiben.

Freude
ein Hochgefühl des Glücks und vielleicht sogar der Erheiterung, die ich oft als plötzlichen Ausbruch erlebe, wenn mir etwas Gutes widerfährt. Es kann ein überraschender Besuch eines Freundes sein, ein unerwartetes Geschenk meines geliebten Mannes, ein ungeahnter Erfolg eines gelungenen Vortrags.

Demut
Mit zunehmendem Alter wird das Gefühl der Demut eher geprägt durch den gesundheitlichen Zustand. Das Zeitfenster des Lebens wird täglich kürzer und es sind kleine Ereignisse, die mich demütig, ja sogar ehrfürchtig machen.

Gelassenheit
Dies ist ein ruhiges und friedliches Gefühl der Akzeptanz meiner eigenen Person und meiner Mitmenschen. Nach einem erfüllten Leben blicke ich gelassen

auf den gesellschaftlichen Wandel mit all seinen Konsequenzen und finde somit meinen Platz in der Gesellschaft.

Interesse

ein Gefühl der Neugierde oder Faszination, das meine Aufmerksamkeit fordert und fesselt. Auch das Alter hält viel Neues bereit. Ich erfahre Dinge, die mich in früheren Jahren nicht tangiert haben und die mich heute zu neuen Möglichkeiten meiner Aktivitäten beflügeln.

Stolz

ein Gefühl der Anerkennung und der Freude über eine Leistung, eine Fähigkeit oder ein persönliches Attribut.

Inspiration

das Gefühl, durch etwas, das ich erlebt habe, engagiert, ermutigt und motiviert zu sein.

Befriedigung

ein Gefühl der Freude und Zufriedenheit, das ich empfinde, wenn ich etwas erreicht habe oder sich ein Bedürfnis erfüllt hat.

Erleichterung

das Glücksgefühl, das ich empfinde, wenn sich eine unsichere Situation zum Guten wendet oder ein negatives Ergebnis vermieden wird.

Heiterkeit
ein Gefühl der Fröhlichkeit, des Frohsinns und der spürbaren Fröhlichkeit; das Gefühl, dass alles gut läuft.

Überraschung (die gute Art!)
ein Gefühl der Freude, wenn jemand mir unerwartetes Glück bringt oder eine Situation noch besser läuft, als ich gehofft hatte.

Zuversicht
ein Gefühl, das ein starkes Selbstwertgefühl und den Glauben an sich selbst beinhaltet; kann sich auf eine bestimmte Situation oder Aktivität beziehen oder allgemeiner sein.

Bewunderung
ein Gefühl der warmen Zustimmung, des Respekts und der Wertschätzung für jemanden oder etwas.

Enthusiasmus
ein Gefühl der Aufregung, begleitet von Motivation und Engagement.

Eifer
eine weniger intensive Form des Enthusiasmus; ein Gefühl der Bereitschaft und Aufregung für etwas.

Euphorie
intensives und allumfassendes Gefühl der Freude oder des Glücks, das oft auftritt, wenn etwas extrem Positives und Aufregendes geschieht.

Vergnügen

ein Gefühl der Freude an dem, was um mich herum geschieht, insbesondere in Situationen wie einer Freizeitaktivität oder einem geselligen Beisammensein.

Optimismus

ein positives und hoffnungsvolles Gefühl, das mich ermutigt, mich auf eine strahlende Zukunft zu freuen, in der ich glaube, dass die Dinge gut laufen werden.

Glück

ein Gefühl der Freude und Zufriedenheit über den Verlauf der Dinge; ein allgemeines Gefühl der Freude und Begeisterung für das Leben.

Liebe

vielleicht die stärkste aller positiven Emotionen: Liebe ist ein Gefühl tiefer und dauerhafter Zuneigung zu jemandem, verbunden mit der Bereitschaft, dessen Bedürfnisse über die eigenen zu stellen; sie kann sich auf eine Person, eine Gruppe von Menschen oder sogar die gesamte Menschheit beziehen.

Diese Liste umfasst einen großen Teil der positiven Emotionen, die wir erleben, aber sie ist sicher nicht ausreichend.

Einige dieser Schlüsselworte habe ich ausführlich in diesem Buch aus meiner Sichtweise näher beschrieben.

Je mehr positive Emotionen wir erleben, desto stärker nehmen wir einen positiven Grundzustand im Alter wahr.

Mir persönlich hilft es, mich zu Beginn eines jeden Tages an die positiven Ereignisse der letzten Tage zu erinnern. Dies sind keine herausragenden Ereignisse. Es kann ein sonniger Frühlingstag sein, die Beobachtung zweier Hunde, die sich vergnüglich im Sand wälzen oder der Beginn einer neuen Bekanntschaft. Ich allein bin gefordert mir Quellen für Sinn und Erfüllung zu suchen.

> *„Positive Emotionen*
> *erweitern das momentane*
> *Denk- und Handlungsrepertoire*
> *eines Individuums:*
> *Freude weckt den Drang zu spielen,*
> *Interesse weckt den Drang zu erkunden,*
> *Zufriedenheit weckt den Drang*
> *zu genießen und zu integrieren,*
> *und Liebe weckt einen*
> *wiederkehrenden Zyklus*
> *jedes dieser Triebe*
> *innerhalb sicherer, enger Beziehungen."*
>
> Barbara Fredrickson

Erinnerungen
Trauere nicht vergangenen Zeiten nach!

Ich habe im Laufe meines Lebens einen wertvollen Schatz an Erfahrungen gesammelt, deren menschlicher, kultureller und auch wirtschaftlicher Wert für die Gesellschaft von großem Nutzen sein kann. Gern kommuniziere ich mein Know-how, um Wertschätzung und Respekt der Gesellschaft zu erhalten.

Im Rahmen meiner beruflichen Tätigkeit als Dozentin und Coach gab es viele Möglichkeiten, mein Wissen und meine Kompetenzen anderen Menschen zu übermitteln.

Ein Rückblick auf die Erinnerung vergangener Zeiten ist oftmals ein Jungbrunnen der Gefühle.

Immer häufiger erinnere ich mich z. B. an meine Kindheit: Wie ich nach den Kriegswirren in Trümmern gespielt habe und so gerne Lederhosen getragen hätte, die mir meine Mutter damals verwehrt hat. Wie gerne wäre ich ein Junge geworden. Später dann als Teenager war ich froh, im Petticoat meine ersten Eroberungen bei den heranwachsenden Jungen zu machen, und alles war rosarot.

Im Berufsleben jedoch mussten manche Klippen umwunden werden, und bei der Suche nach einem Ehepartner stellten sich mir viele Hindernisse in den Weg.

Oftmals stelle ich mir die Frage, wie wäre mein Leben wohl verlaufen, wenn ich die erste Liebe geheiratet oder einen anderen Beruf gewählt hätte?

Rückblicke auf unser Leben können sinnvoll und wichtig sein. Wir sollten gnädig mit uns selbst sein und mögliche Fehler nicht hervorheben. Es ist wichtig unser vergangenes Leben als Ganzes zu sehen, und nicht an den negativen Ereignissen festhalten. Damals haben wir so gehandelt, weil wir es nicht besser wussten.

Jeder Mensch hat Erlebnisse, von denen er rückblickend sagt: *„Das hätte ich besser machen können",* oder *„was wäre geschehen, wenn ich damals anders gehandelt hätte?"* Es darf im Alter nicht zum Problem werden, unverarbeitete Erlebnisse, die wir ein Leben lang verdrängt haben, wieder hochkommen zu lassen.

Erinnere dich an die schönen Dinge und freue dich, dass du dein Leben so gut gemeistert hast!

Unser Leben besteht aus einzelnen Etappen, die wir im Rückblick einzeln betrachten und werten sollten.

Warum schreibst du nicht einige positive Etappen deines Lebens in einem Lebensbuch nieder?

Nun wirst du sagen, „das kann ich nicht", oder „dafür bin ich zu alt", doch denke an meine Worte: Du bist so alt, wie du dich fühlst.

Ich habe in den letzten Jahren viele ältere Menschen getroffen, in ihren Wohnungen, in Seniorenresidenzen, auf dem Campingplatz und an südeuropäischen Stränden. Sie alle erzählten mir während eines Dämmerschoppens Episoden aus ihrem Leben und gerieten ins Schwärmen, wenn sie über vergangene Zeiten sprachen.

„Damals war alles anders," war ein oft zitierter Satz, und ich erinnere mich an meine Großmutter, die schon damals im Rückblick auf ihr Leben Vergleiche zog. Wahrscheinlich gehört dieser Satz zum Älterwerden, und wird wohl in der heutigen schnelllebigen Zeit noch häufiger zitiert.

Ich wollte der Sache auf den Grund gehen, um herauszufinden wie ältere Menschen den Vergleich zu früheren Zeiten ziehen, und ich bekam die unterschiedlichsten Antworten.

Ich bin ein guter Zuhörer und wie oft habe ich Stunden mit älteren Menschen verbracht, die mit glänzenden Augen auf einzelne Episoden Ihres Lebens zurückblickten, teils humorvoll, nachdenklich oder auch mit Tränen in den Augen, wenn es um Krankheit oder gar Tod eines geliebten Menschen ging.

Oftmals blätterten wir gemeinsam in vergilbten Notizen, Tagebüchern und Fotoalben, die plötzlich aus Truhen und Schubladen hervorgekramt wurden. Wahre Schätze von Erfahrungsberichten, Anekdoten und spannenden Kriminalgeschichten kamen während meinen gemütlichen Gesprächsrunden ans Tageslicht. Die Gesichter blühten auf, und manchmal hatte ich das Gefühl, dass der Rückblick auf die Erinnerung vergangener Zeiten ein Jungbrunnen der Gefühle war.

Schreibe auch du ein eigenes Lebensbuch und beteilige somit Familie und Freunde an deinen Erinnerungen.

Vielleicht glaubst du, dass Episoden aus deinem Leben andere Menschen nicht interessieren. Du glaubst, dass in deinem Leben keine spektakulären Ereignisse stattgefunden haben. Vergleiche es mit der Essenszubereitung. Aus einem bescheidenen Essen wird mit entsprechenden Zutaten gewürzt ein köstliches Mahl. So ist dies auch mit der Erzählung deiner Geschichten.

F

„*Nicht der Mensch hat am meisten gelebt,*
welcher die höchsten Jahre zählt,
sondern der, welcher sein Leben am
meisten empfunden hat.."

Jean Jacques Rousseau

Familie

Das Thema "Oma" wird heute anders definiert. Wir aktive Senioren möchten am Leben teilnehmen und nicht im Ohrensessel verkümmern. Auch Kinder und Enkel haben einen anderen Bezug zu älteren Menschen entwickelt. Sie werden stolz auf dich sein, wenn du dich weiterhin für Politik, Wirtschaft und Soziales interessierst und aktuelle Themen im Internet recherchierst.

Die Bedeutung der Familie im Leben eines älteren Menschen ist unermesslich. Die Familie stellt nicht nur ein beständiges soziales Netz dar, sondern es gibt auch Hinweise darauf, dass die Beziehung, die wir Älteren zu unserer Familie unterhalten, einen direkten Einfluss auf unsere allgemeine Lebensqualität hat.

Im Laufe des Lebens haben sich die sozialen Netzwerke verändert. Die Familie ist oft die einzige Verbindung, die konstant bleibt. Wie das Sprichwort sagt: "Du kannst deine Freunde ändern, aber nicht deine Familie". Aus diesem Grund stehen einem die Verwandten oft am nächsten. Sie bieten eine stabile Quelle der Verbundenheit.

Chatte mit deinen Enkeln über Skype und Facebook und lasse dir Fotos über dein Handy mailen!

Wir lernen von unseren Kindern und Enkeln! Wir dürfen dabei nicht den "Oberlehrer" spielen und die heutige Lebensart nicht mit den früheren Zeiten vergleichen! Lasse es nicht zu, als unwissende Großeltern abgetan zu werden, sondern hinterfrage Meinungen und Ideen.

Beteilige dich an konstruktiven Diskussionen! Ich bin jedes Mal erstaunt, wie jung ich mich plötzlich im Kreise meiner Familie fühle.

> *„Jung und Alt*
> *machen in der Familie*
> *wichtigste Erfahrungen fürs*
> *Leben.*
>
> *Kinder empfangen Liebe*
> *und Vertrauen,*
> *sie lernen Rücksicht.*
>
> *Ihr Gedächtnis an die*
> *Kindheit bleibt lebenslang*
> *frisch.*
>
> *Es erinnert sie stets*
> *mit Gewissheit daran,*
> *was gut und böse,*
> *wahr und unwahr ist."*
>
> Richard von Weizäcker

G

> „Den Körper in guter Gesundheit
> zu erhalten ist eine Pflicht...
>
> andernfalls können wir unseren
> Geist nicht stark und klar halten."
>
> Buddha

Gesundheit

Gesundes Altern.
Nach der Aussage der WHO sollte jeder Mensch , in jedem Land der Welt, die Möglichkeit haben, ein langes und gesundes Leben zu führen.

Die WHO definiert gesundes Altern als "den Prozess der Entwicklung und Aufrechterhaltung der Funktionsfähigkeit, die das Wohlbefinden im Alter ermöglicht". Funktionsfähigkeit bedeutet, über die Fähigkeiten zu verfügen, die es allen Menschen ermöglichen, das zu sein und zu tun, worauf sie Wert legen. Dazu gehören unsere eigenen funktionellen Fähigkeiten:

- Unsere Grundbedürfnisse zu befriedigen;

- zu lernen, zu wachsen und Entscheidungen zu treffen;

- mobil zu sein;

- Beziehungen aufzubauen und aufrechtzuerhalten; und

- einen Beitrag zur Gesellschaft zu leisten.

Zu einer gesunden Lebensweise für uns ältere Erwachsene gehört eine Gesunde Ernährung, Aktivität und geistige Fitness.

Geistige Gesundheit

Wir Älteren haben alle Angst vor Demenz und Alzheimer und wollen alles tun, uns dagegen zu schützen. Unsere geistige Gesundheit ist nicht nur von seelischen (psychischen) Faktoren abhängig, sondern auch davon, ob unsere geistigen Fähigkeiten gut funktionieren.

Leider wird über den kognitiven Abbau im Alter und die daraus resultierenden Krankheiten viel zu wenig in der Öffentlichkeit gesprochen. Bei dem Thema Gesundheit geht es hauptsächlich um körperliche Aktivitäten, wie Walking, Gymnastik, Aqua-Fitness, etc. Dabei sollte die geistige Gesundheit eine sehr große Rolle bei uns älteren Menschen spielen.

Hirnforscher befassen sich immer mehr mit der geistigen Gesundheit. Eine Auflistung ihrer Erkenntnisse finden Sie auf dieser Webseite:

www.neuronation.de/de gesundheit/die-geistige-gesundheit

Woraus setzt sich die geistige Gesundheit zusammen?

Zum einen fließen seelische Aspekte mit in die geistige Gesundheit eines jeden.

Dazu zählen beispielsweise:

- Ein ausgeprägtes Selbstvertrauen

- Freiheit

- Sicherheit

- Ein gutes soziales Umfeld

Zum anderen zählen dazu geistige Fähigkeiten, die wir benötigen, um alle unsere Handels-, und Denkprozesse durchzuführen. Zu den geistigen Fähigkeiten zählen unter anderem:

- Konzentration und Aufmerksamkeit

- logisches Denkvermögen

- Sprachverständnis

- Zahlenverständnis

- Merkfähigkeit

Zielgerichtetes interaktives Gehirntraining stärkt geistige Gesundheit. Mit einem zielgerichteten Gedächtnistraining können wir unsere kognitiven Fähigkeiten erhalten und ausbauen.

Durch Gehirntraining können wir nicht nur unsere geistige Fitness steigern, sondern beugen auch dem geistigen Abbau im Alter vor.

Starte jetzt und tue deiner geistigen Gesundheit etwas Gutes!

H

> „Verschieden ist der Menschen Art:
> Die einen , in der Jugend zart,
> sind oft im Laufe weniger Jahre
> schon zähe, morsche Exemplare.
>
> Doch andre, ungenießbar jung,
> gewinnen durch die Lagerung,
> und werden in des Lebens Keller,
> wie Weine, je feuriger, je älter".
>
> Eugen Roth

Humor

Hast du heute schon gelacht? Es ist wissenschaftlich bewiesen, dass Lachen das Leben verlängert. Füttere dein Unterbewusstsein mit lustigen Erlebnissen und Erinnerungen! Schaue dir im Fernsehen keine dramatischen Spielfilme an, sondern Komödien und witzige Talkshows!

Lachen ist ansteckend. Und da es sich gut anfühlt, lache so oft du kannst. Studien zeigen, dass Lachen gut für unsere Gesundheit ist - aber wer braucht schon eine Studie, wenn es offensichtlich ist, dass Lachen wie eine Auffrischungsspritze wirkt? Je mehr du lachst, desto glücklicher wirst du sein, und glückliche Menschen lachen.

Lachen hält die Welt in Schwung. Das gilt für jedes Alter, aber für ältere Menschen hat es das Potenzial, das Leben, um Jahre zu verlängern. Der musikalische Klang zum Beispiel eines Kindes zaubert jedem ein Lächeln ins Gesicht. Es ist erforscht, dass Kinder 400-mal am Tag lachen. Aber leider lächeln wir als Erwachsene weniger als 20-mal am Tag. Wir sollten daran arbeiten dies zu ändern.

Lachen ist gut für unser Immunsystem sagt die Forschung. Und da es weder teuer noch riskant ist, sollte man es einfach mal ausprobieren.

Es ist schwer zu lachen, wenn man Schmerzen hat. Doch es könnte genau die Medizin sein, die wir brauchen. Beim Lachen werden Endorphine freigesetzt, die stärkere Schmerzmittel sind als Morphium.

Lachen ist ein Training für unsere Bauchmuskeln - es dehnt und massiert sie. Das weiß ich, wenn ich herzhaft gelacht habe.

Lachen hilft, Emotionen loszulassen. Humor kann Ängste und Depressionen lindern, Ärger zerstreuen, Trauer lindern und Stress abbauen. Ich fühle mich dadurch einfach besser.

Kannst du über dich selbst lachen?

Wir alle kennen die Situation: Du gehst die Straße entlang, stolperst, strauchelst und fällst. Vorausgesetzt, du bist nicht ernsthaft verletzt, schaust du dich um, um zu sehen, wer Zeuge deines Fehltritts war, und entweder du bist völlig verlegen und entsetzt, dass du in der Öffentlichkeit gestürzt bist, oder du lachst über dich selbst und läufst weiter.

Die Welt scheint sich in zwei Arten von Menschen aufzuteilen - diejenigen, denen es leichtfällt, über sich selbst zu lachen, und diejenigen, die sich selbst ein wenig zu ernst nehmen.

Sich selbst nicht zu ernst zu nehmen, ist gut für die psychische Gesundheit. Eine amerikanische Studie aus dem Jahr 2011, auf die in der Zeitschrift Time verwiesen wird, untersuchte die Reaktionen einer Gruppe von Menschen auf Spiegelbildern von sich selbst. Die Ergebnisse zeigten, dass diejenigen, die am häufigsten über Bilder von sich selbst lachten, "weniger Anzeichen von falschem Lächeln oder negativen Emotionen" zeigten.

Die Autorin der Studie, Ursula Beermann, Senior Lektüre am Institut für Psychologie der Universität Innsbruck, sagt, dass die Fähigkeit oder Neigung, sich selbst nicht zu ernst zu nehmen, auch bedeuten kann, dass man bereit ist, "anzuerkennen, dass man nicht das Zentrum des Universums ist".

"Adaptiver Humor", also das Aufmuntern von Menschen oder das Erkennen des Humors in negativen Ereignissen, steht im Zusammenhang mit Wohlbefinden und psychischer Gesundheit.

Abgesehen von Authentizität und einem gesunden Bewusstsein für andere sagt Dr. Beermann, dass diejenigen, die sich selbst nicht zu ernst nehmen, einen Schritt zurücktreten und sich selbst oder Fehler, die sie gemacht haben, aus einer Außenperspektive betrachten können.

Sie weist auch auf den Unterschied zwischen dem Lachen über sich selbst und dem Lachen auf Kosten anderer hin, was nicht so gesund ist. "Adaptiver Humor", also das Aufmuntern von Menschen oder die Suche nach der lustigen Seite in eher negativen Ereignissen, ist auf vielfältige Weise mit Wohlbefinden und psychischer Gesundheit verbunden.

Hier ein paar Witze zur Einstimmung:

"Ich weiß nicht, was sie haben", wundert sich der Scheidungsanwalt, "Ihr Mann ist doch für sein Alter noch sehr rüstig!"
"Für sein Alter schon, meint die junge Frau, aber nicht für meins:"

"Wie alt sind Sie eigentlich, Frau Königstein?"
fragt der Schönheitschirurg seine neue Patientin."
„Ich gehe auf die vierzig zu."
"Aus welcher Richtung?"

Opa zu seinem Enkel: „Zu Weihnachten bekommst du ein Buch. Welches hättest du denn gerne?"
Enkel: „Dein Sparbuch."

Klagt eine 80-jährige: "Die Ärzte sind auch nicht mehr das, was sie einmal waren.
Mit 18 musste ich mich immer ganz ausziehen,
mit 40 noch den Oberkörper
und jetzt wollen sie nur noch die Zunge sehen!"

Hoffnung

Hoffnung ist ein Gefühl des Optimismus und der Vorfreude auf eine positive Zukunft. Hoffnung wirkt sich auf die psychische Gesundheit aus und verringert Depressionen und Ängste. Hoffnung wird auch mit der Motivation in Verbindung gebracht, weiterhin zu versuchen, ein gutes Leben zu führen. Das bedeutet, dass wir das tun, was wir eigentlich tun sollten - und wozu ältere Menschen oft keine Lust haben.

Die Hoffnung hält uns an, Sport zu treiben, sich gesund zu ernähren, und die Selbstkontrolle aufrechtzuerhalten.

Die Hoffnung hält uns dazu an, Beziehungen nicht aufzugeben, wenn es ein paar Probleme gibt.

Die Hoffnung sorgt dafür, dass sich Menschen in Gemeinschaften engagieren und ihrem Leben einen Sinn geben. Die Aufrechterhaltung der Selbstkontrolle ist besonders hilfreich, weil sie eine Einstellung verhindert, die besagt: "Es ist egal, wie ich aussehe, was ich tue und ob ich aktiv bleibe."

Hoffnung ist nicht dasselbe wie Optimismus. Optimismus ist eine positive Einstellung zu den Ergebnissen. Bei der Hoffnung hingegen ist man sich nicht immer sicher, dass das Ergebnis positiv sein wird, aber sie hält uns Menschen bei der Stange und bringt uns voran.

Hoffnung besteht aus drei Teilen:

- dem Willen zur Veränderung,

- der Fähigkeit zur Veränderung und

- der Fähigkeit zu warten, wenn wir keine Veränderung sehen.

Mit zunehmendem Alter ändert sich die Art der Hoffnung, die man empfindet, deutlich. Mit 30 liegt uns die Welt vor den Füßen. Wir erleben Hoffnung vor allem als ein Gefühl der Handlungsfähigkeit (d. h., dass ich Veränderungen bewirken kann) und der Wege (d. h., ich habe viele Möglichkeiten, Dinge zu verändern, also muss ich belastbar bleiben, um die richtige Strategie zur richtigen Zeit anzuwenden).

> *"Und ich habe mich so gefreut!"*
> *sagst du vorwurfsvoll,*
> *wenn dir eine Hoffnung*
> *zerstört wurde.*
>
> *Du hast dich gefreut -*
> *ist das nichts?"*
>
> Marie von Ebner-Eschenbach

I

Wer sich für vieles interessiert,
erweitert sein Wissen,

wer sich für alles interessiert,
bereichert sein Leben.

Horst Reiner Menzel

Interesse

Das Alter hält viel Neues bereit. Entbunden von beruflichen und familiären Pflichten haben wir endlich Zeit, Neues zu entdecken und zu gestalten. Sich austauschen, miteinander Interessen teilen und seine Fähigkeiten in Gruppen einbringen, kann Sinn und Freude vermitteln. Auf lange Sicht schützt es auch gegen Hilfsbedürftigkeit und Einsamkeit im hohen Alter.

Neugier und Interesse machen das Leben interessanter! Lasse deine Neugier nicht in der Alltagsroutine untergehen. Gerade im Alter sollten wir alle Chancen und Möglichkeiten nutzen, etwas Neues zu entdecken oder zu lernen. Sprüche, wie *„ich bin zu alt dafür"*, oder *„da kann ich nicht mehr mitreden"* bringen dich nicht weiter. Unser Kopf ist rund, damit das Denken eine andere Richtung bekommt.

Wissenschaftliche Forschungen haben ergeben, dass Neugier bei Menschen wie auch bei Tieren angeboren ist. Als Kinder wollen wir alles untersuchen und hinterfragen. Wir lieben es, zu forschen. Wir stellen Fragen und verlangen nach Antworten. Unsere Erfahrungen, die wir dabei machen, prägen unser Verständnis der Welt. Wir wollen mehr über alles wissen!

Wenn wir älter werden, verlieren wir leicht unsere Neugierde. Die Realität beginnt schwer auf unseren

Schultern zu lasten, und wir fragen nicht mehr "Warum?", sondern "Was?" und "Wie?".

Neugier und Glück sind eng miteinander verbunden. Ältere Erwachsene, die in der Lage sind, neugierig zu bleiben, sehen das Leben als ein Geheimnis, das es zu erforschen gilt. Sie erholen sich von den alltäglichen Prüfungen des Lebens und wissen, dass jede Herausforderung eine Gelegenheit ist, zu wachsen und zu lernen.

Wie können wir unser Interesse wiederentdecken?

Interesse oder Neugier ist mehr als eine Verpflichtung zum Lernen. Es ist auch mehr als die Bereitschaft, Risiken einzugehen und die eigenen Überzeugungen in Frage zu stellen. Neugierde ist eine Art, die Welt zu betrachten. Sie zwingt unsere Gedanken nach außen, in die Welt hinein.

Wenn wir die Welt mit neugierigen Augen betrachten, sehen wir die Maschinerie des Universums um uns herum arbeiten. Mit der Zeit lehrt uns die Neugierde, Ereignisse in einem größeren Zusammenhang zu sehen. Unsere Welt ist gefüllt mit faszinierenden Geschichten und nützlichen Informationen. Bist du bereit, sie zu erkunden?

Wie würde die Welt aussehen, wenn du sie mit den Augen eines Kindes sehen könntest? Versuche dich zu erinnern, wie du als Kind alles Neue mit Begeisterung entdecken wolltest.

Natürlich ist es relativ einfach, als Kind neugierig zu sein. Aber als Erwachsene ist unser Leben oft von Komplexität, Sorgen und Ängsten geprägt.

Als Kinder haben wir die Erwachsenen genervt mit unseren ständigen Fragen. Heute muss ich immer wieder mit Erstaunen feststellen, dass mir sehr wenige Menschen persönlich Fragen stellen. Jede Kommunikation beginnt mit Fragen, denn nur so kommt eine interessante Unterhaltung zustande.

Durch Fragen stärke ich die persönliche Beziehung zu meinem Gesprächspartner oder meiner Partnerin. Ich vermittele den Eindruck, dass seine/ihre Meinung wichtig ist.

Mein Rat: Höre niemals auf, neugierig zu sein!

„Solange man neugierig ist, kann einem das Alter nichts anhaben!"

Burt Lancaster

K

> *„Kreativität, künstlerische Arbeit*
> *und Kultur gehören zu den*
> *wesentlichsten Elementen*
> *einer lebendigen Gesellschaft. "*
>
> Roman Herzog
> 1994 bis 1999 Bundespräsident

Kreativität

Trotz ergrautem Haar ist mein Kopf rund geblieben und daher in der Lage neue Herausforderungen anzunehmen. Kreativität beschränkt sich nämlich nicht auf Zeichnen, Malen und anderen künstlerischen Talenten. Kreativität im weitesten Sinn beruht auf der Fähigkeit von freien Assoziationen, genügend Fantasien und Spaß am Spiel (auch Gedankenspiele).

"Vorstellungsvermögen des Menschen ist wichtiger als sein Wissen" sagte Albert Einstein und wir sollten dies beherzigen.

Kreativität kann der Schlüssel zum gesunden Altern sein.

Ich glaube, dass jeder kreativ sein kann. Kreativität kann kultiviert werden, indem man alten und neuen Leidenschaften nachgeht. Versuche nicht, dich mit genialen Schöpfern zu vergleichen oder dich so sehr auf das Ergebnis zu konzentrieren, dass der Prozess keinen Spaß mehr macht."

Denke über den Tellerrand hinaus! Ich habe in meinem Leben viele ausgedehnte Reisen unternommen und dabei die interessantesten Menschen kennengelernt und viele ungewohnte Erfahrungen gemacht.

Jede neue Anregung hat meine Kreativität gefördert.

Ich hatte immer einen großen "Appetit auf Unterschiede" und den Kontakt zu Menschen unterschiedlichen Alters und Hintergrunds gesucht. Es war mir immer äußerst wichtig, mich immer wieder neuen Erfahrungen auszusetzen, um weniger starr und wertend zu sei.

Die Teilnahme an kreativen Aktivitäten, d. h. die Erkundung neuer Möglichkeiten durch Problemlösungen und die Entwicklung neuer Produkte oder Ergebnisse, kann für unsere körperliche und geistige Gesundheit von großem Nutzen sein. Durch Bewegung, Performance, Kunst, Schreiben, Erfinden, Rezepte oder einfach durch das Ausprobieren von etwas Neuem können gerade wir Älteren uns kreativ betätigen.

Dies hilft uns, unsere geistige Flexibilität zu erhalten, neue Herausforderungen zu bewältigen und somit soziale Beziehungen zu pflegen.

L

„Wenn das "Feuer der Lust",
die „Flamme des Geistes"
und die „Glut der Seele",
sich anstecken,
werden auf diesen drei Ebenen
ungeahnte Energien, Chancen
und Möglichkeiten für ein
zufriedenes Leben mit Sex entfacht
und freigesetzt"

Nina Winkler

Liebe

Liebe ist keine Frage des Alters. Sie bekommt einen anderen Stellenwert. Viele Paare verabschieden sich bei zunehmendem Alter von körperlicher Liebe, finden aber gleichzeitig ihre Erfüllung in Zärtlichkeit und intensiver Zuneigung. Sex im Alter ist schon längst kein Tabuthema mehr. Vermehrt werden Filme mit berühmten Darstellern gezeigt, die älteren Menschen bestätigen, dass Schamgefühle und zurückhaltendes Schweigen gegenüber dem Partner, der Partnerin keine Erfüllung im „Dritten Lebensalter" bringen.

Wir definieren Liebe im Alter neu. Nach den vielen Jahren des Zusammenlebens sind wir uns so nahegekommen, dass wir fast zu einer Person verschmolzen sind. Ich erlebe täglich, wie sehr mein Mann und ich unsere Abhängigkeit voneinander genießen.

70

In jungen Jahren wollten wir unabhängig sein; sich Freiraum geben in einer Beziehung war damals das Modewort. Doch mit zunehmendem Alter wird die Liebe, die oft als körperliches Begehren begonnen hat, zu einer beständigen Zweisamkeit.

Die Vereinbarung gemeinsamer Ziele, selbst im vorgerückten Alter, geben Kraft und Energie, mögliche Probleme zu überbrücken und neue Herausforderungen anzunehmen.

Auch die körperliche Liebe bekommt einen anderen Stellenwert. Wir nennen es oft "Kuschelsex" und genießen unsere Körper wie am Anfang unserer Liebe.

Sexualität und Erotik

Beides verändert sich mit zunehmendem Alter. Doch egal, wie alt wir sind: Die Lust an der Lust bliebt. Ob Kuschel-Sex, Sex-Massagen, oder anderes, Sex ist für unsere Sexualität (Geschlechtlichkeit) sehr wichtig.

Die sexuelle Energie zählt zu den stärksten Kräften in uns! Unterdrückte Sexualität ist auf Dauer nicht nur eine körperliche und seelische Belastung. Durchwachsenden Frust wird auch eine rasch steigende Unzufriedenheit verursacht, die sich negativ auf die Persönlichkeit und auf das soziale Umfeld auswirkt.

M

„Wir müssen bereit sein,
uns von dem Leben zu lösen,
das wir geplant haben,
damit wir das Leben finden,
das auf uns wartet."

Oscar Wilde

Muße

Warum ist Muße wichtig?

Zu den positiven Auswirkungen von Muße gehören eine bessere Problemorientierung, eine bessere Arbeitsethik und eine höhere Kreativität. Außerhalb des Bereichs der Arbeitsleistung trägt Muße nachweislich auch zum allgemeinen psychologischen und kognitiven Wohlbefinden, zur körperlichen Gesundheit und zur Lebensqualität bei. Wir sollten die Bedeutung der Muße nicht herunterspielen.

Und doch ist es schwierig, der Muße Vorrang einzuräumen. Vielleicht liegt es an der heutigen Generation. Wir leben in einer Zeit, in der erwartet wird, dass wir arbeiten, arbeiten, arbeiten! Oder ist unsere Identität so sehr in unsere Arbeit eingeflossen, dass Arbeit und Muße verschwimmen und nicht mehr zu trennen sind?

Vielleicht liegt es daran, dass die Idee der Muße fast negativ besetzt ist? Sie wird mit Nichtstun definiert. Ich habe lange in Spanien und Frankreich gelebt. Die spanische Siesta ist bekannt und wird weltweit zitiert, jedoch kaum gelebt

Ich habe mir gern die spanische Lebensform angeeignet.

Mobilität

Aktiv sein ist gut für die Knochen, das Herz und die emotionale und soziale Gesundheit. Es ist auch gut für die Bewältigung von Ängsten und Depressionen. Bewegung fördert auch das emotionale Wohlbefinden.

Vier Kriterien sind entscheidend, unsere Gesundheit und körperlichen Fähigkeiten zu verbessern.

Kraft
bedeutet Stärkung der Muskeln für umfassende Aktivitäten, wie das Tragen von Einkäufen, das Greifen und Heben bei der täglichen Arbeit.

Ausdauer
um Atmung und Herzfrequenz zu erhöhen, damit du die täglichen Aufgaben bewältigen kannst. Zu den Ausdaueraktivitäten gehören: Gehen oder Joggen, Tanzen, Treppensteigen und Schwimmen.

Gleichgewicht
Tai Chi, das Stehen auf einem Fuß, das Gehen von der Ferse bis zu den Zehen und das Aufstehen aus einer sitzenden Position sind alles großartige Aktivitäten, die das Gleichgewicht fördern.

Beweglichkeit
dass du dich leichter bücken kannst, um sich die Schuhe zu binden oder bei Bedarf über die Schulter zu schauen.

O

> „*Ein Optimist sieht eine Gelegenheit in jeder Schwierigkeit;*
>
> *ein Pessimist sieht eine Schwierigkeit in jeder Gelegenheit.*"
>
> Winston Churchill

Optimismus

"Ein Optimist ist ein Pessimist mit Erfahrung."

Das Älterwerden wird in der Gesellschaft mit schlechter Gesundheit, körperlichem und geistigem Leistungsdefizit und Hilfsbedürftigkeit dargestellt. Hinzu kommen die ständigen Presseberichte von Altersarmut und finanzieller Unsicherheit.

Studien des Deutschen Zentrums für Altersfragen (DZA) konnten zeigen, dass sich sowohl ältere als auch jüngere Menschen von diesen negativen Altersstereotypen verabschieden sollten. Denn wer schon in jungen Jahren mit Pessimismus an das Älterwerden herangeht, indem er sich schon mit 25 seine Rente ausrechnen lässt, wird das „Dritte Lebensalter" negativ am eigenen Leib erfahren.

Menschen, die sich das Leben im Ruhestand als gesund, aktiv und gesellig ausmalen, werden im Alter von dieser positiven Einstellung profitieren.

Den Studienergebnissen zufolge wirkt sich eine optimistische Sicht auf das Älterwerden positiv auf Gesundheit und körperliche Aktivität im Alter aus – und zwar unabhängig davon, wie gesund jemand tatsächlich ist. Diese optimistische Einstellung hilft, die Lebensqualität zu verbessern und mögliche Krankheiten besser zu verkraften.

Zudem spielt die Überzeugung, Aktivitäten beginnen und aufrechterhalten zu können, eine wichtige Rolle: Besitzen ältere Menschen diese optimistischen Überzeugungen, sind sie oftmals aktiver, besonders dann, wenn sie zusätzlich soziale Unterstützung aus ihrem Umfeld bekommen.

In der Vorstellungskraft des Menschen liegt ein großes Potenzial zur Förderung von Gesundheit und Lebensqualität im Alter. Die Nutzung dieses Potenzials ist für die Gesundheit und Lebensqualität älterer Menschen ebenso von Bedeutung wie eine gute medizinische Versorgung.

Vermeide den Umgang mit pessimistischen Menschen.

Pessimismus ist nicht angeboren, sondern eine Geisteshaltung, die das seelische Wohlbefinden stark beeinträchtigt.

Pessimistische Menschen stellen stets die negativen Aspekte einer Sache in den Vordergrund und beeinflussen dich möglicherweise zu negativem Denken.

Sie rechtfertigen ihre negative Haltung mit der Aussage: „Wenn etwas Schlimmes geschieht, dann bin ich mental vorbereitet und nicht überrascht." Durch diese selbsterfüllende Prophezeiung suggerieren sie ihr Unterbewusstsein, und somit treten ihre Befürchtungen ein.

Der Pessimist fühlt sich bestätigt und hält an seiner Geisteshaltung fest.

„Wer wagt, gewinnt" gilt als Motto vieler erfolgreicher Menschen. Wer neue Herausforderungen annehmen will, Menschen erobern oder Träume und Visionen erfüllen will, benötigt den Glauben an den eigenen Erfolg.

Höre nicht auf die Pessimisten, sondern folge deiner Intuition und gehe deinen eigenen Weg. Ignoriere die sogenannten guten Ratschläge von Freunden und Bekannten, die dir erzählen wollen, ob etwas in deinem Alter zu schwierig oder zu gefährlich ist. Tue einfach das, was du schon immer tun wolltest!

Pessimisten grübeln, Optimisten handeln! Wende dich positiven Menschen zu!

***

P

> „Ein Mensch möcht, jung noch,
> was erleben.
> Doch mit der Zeit wird sich das geben,
> bis er, im Alter, davor bebt,
> dass er am End' noch was erlebt.
>
> Ein Mensch, noch Neuling auf der Welt,
> das Leben für recht einfach hält.
> Dann, schon erfahren,
> klug er spricht:
>
> So einfach ist die Sache nicht!
> Zum Schluss sieht er wieder klar,
> wie einfach es im Grunde war."

Eugen Roth, (1895 -1976)

Positives Denken

Positives Denken ist allgegenwärtig, und es scheint, dass jeder auf der Welt lernen möchte, positiv zu denken. Aber was bedeutet es wirklich, positiv zu denken? Und kann positives Denken allein helfen, meine Träume zu verwirklichen?

Es stimmt, dass meine Gedanken meine Handlungen beeinflussen. Meine Handlungen wiederum haben Einfluss darauf, ob ich erfolgreich bin oder nicht – im Beruf, in meinen Beziehungen und schließlich in meinem Leben. Meine Gedanken spielen eine große Rolle bei meinen Werten und Überzeugungen, und beeinflussen meine Sicht auf die Welt im Allgemeinen.

Ich habe gelernt, dass ich mich nicht darauf versteife, nur positiv zu denken, sondern ich muss meine positive Denkweise kultivieren, die negative Emotionen nicht ignoriert, sondern weiß, wie man sie kontrolliert.

Positives Denken ist eine emotionale und mentale Einstellung, die sich auf das Gute konzentriert. Es geht darum, Glück, Gesundheit und Erfolg zu erwarten, anstatt mit dem Schlimmsten zu rechnen. Indem ich das Gesetz der Anziehung nutze, schafft diese Denkweise eine positive Rückkopplung, die noch mehr Gutes in mein Leben bringt.

Positives Denken ist kein Allheilmittel, das mich automatisch glücklicher und erfüllter macht. Es ist keine Lösung für tiefsitzende einschränkende Überzeugungen, wie Versagens- und Erfolgsängste. Es bedeutet auch nicht, dass ich den ganzen Tag herumsitze und mir einrede, dass ich glücklich bin. Ich habe gelernt, um meine Träume zu verwirklichen, brauche ich mehr als eine positive Einstellung. Ich muss auch entsprechend handeln.

***

„Was du denkst, bist du.
Was du bist, strahlst du aus.
Was du ausstrahlst,
ziehst du an."

(Buddha)

Partnerschaft

„Mit achtzig gemeinsam auf einer Parkbank sitzen und zufrieden auf ein erfülltes Leben zurück blicken, das ist meine Vision", sagte mir Klaus, mein Mann schon in jungen Jahren, und dabei hatte er immer einen bestimmten Gesichtsausdruck.

Ich habe damals seinen Worten wenig Bedeutung beigemessen, war dieses Ziel doch noch in weiter Ferne, und es gab so Vieles zu tun.

Heute sitzen wir auf der Parkbank und blicken zufrieden auf unser gelungenes Werk einer liebevollen Partnerschaft.

Es scheint, dass in unserer Gesellschaft durch die rasanten Veränderungen und einer stark betonten Individualität eine dauerhafte Partnerschaft gefährdet ist.

Was ist das Geheimnis, wenn zwei Menschen mit gegensätzlichen Ansichten und Vorstellungen beschließen, an einer Partnerschaft zu arbeiten, die bis ins hohe Alter ihren Wert behält?

Wenn wir die Chance erkennen, die Neugier aufeinander nicht zu verlieren und die Gemeinsamkeit immer wieder neu beleben, dann ist ein erfülltes Leben der Lohn für unser Bemühen.

Es gibt bestimmte Regeln, die der Familientherapeut Hartwig Hansen aufgestellt hat, und die von meinem Mann Klaus in seinem Buch „Entdecke die geheime Macht in dir" anschaulich behandelt worden sind.

Regel 1

Deine Welt ist anders als meine! Respektiere die Wirklichkeit deines Partners, deiner Partnerin!

Die Welt sieht von einem anderen Standpunkt ganz verschieden aus. Dein Partner, deine Partnerin haben andere Erfahrungen, Vorlieben, Prioritäten und Werte als du. Versuche dich in deinen Partner hineinzuversetzen!

Nimm dich selbst nicht wichtiger als ihn / sie!

Regel 2

Jeder Mensch will gehört werden!

Wir alle haben ein Grundbedürfnis nach Beachtung und „gehört werden". Es kann sehr beunruhigend, ja quälend sein, wenn man keine Antwort bekommt.

Zum Beispiel auf eine Frage, eine Mail oder einen Brief..

Antwort ist Kontakt, Respekt und Wertschätzung. Antworten ist Geben.

Regel 3

Sei zuverlässig!

Verbindlichkeit und Zuverlässigkeit sind die Voraussetzungen dafür, dass Vertrauen in der Partnerschaft entstehen kann.

Wenn die Willkür mit einem durchgeht, entsteht beim Gegenüber das Gefühl:

„Ich bin es wohl nicht mehr wert, dass du dich an unsere Abmachungen hältst?"

Du wünscht dir doch auch einen Partner, auf den du dich verlassen, und mit dem du durch dick und dünn gehen kannst. Oder?

Regel 4

Zuwenden statt abwenden!

Zuwendung hält das „Wir-Gefühl" in der Partnerschaft aufrecht.

Wende dich nicht von deinem Partner ab, auch nicht, wenn es im Streitfall leichter erscheint.

Zeichen der Zuwendung, des Interesses, des Respekts sind die Kettenglieder, die stabile Verbindungen entstehen lassen.

Regel 5

Gefühle sind immer wahr!

Wenn wir anderen erzählen, wie es uns geht, geben wir etwas von uns preis. Wir wollen nicht hören: *„Das ist doch gar nicht so schlimm!"*

Wir wollen Solidarität und Verständnis. Wenn dir ein Gefühl mitgeteilt wird, antworte also bitte nicht unbedacht, sondern einfühlsam. Signalisiere Verständnis und Mitgefühl!

Regel 6

Zeige Anerkennung, Würdigung und Wertschätzung!

Wer sich dauerhaft bindet, begibt sich gemeinsam mit seinem Partner auf einen Langstreckenlauf, der viel Energie und gegenseitige Unterstützung fordert. Wo bleiben jedoch die Anfeuerungsrufe, die Erfrischungen und der Streckensupport?

Dabei ist es doch so einfach, mit kleinen Gesten und liebevollen Worten zu sagen: *„Ich respektiere Dich, ich schätze Dich, Du bist mir wichtig!"*

Regel 7

Nichts ist selbstverständlich!

Hast du auch manchmal das Gefühl, dass du dich tagtäglich abrackerst, und keiner merkt es? Keiner dankt dir für deinen Einsatz?

Dank auszusprechen ist eine schlichte und gleichzeitig grundsätzliche Form, Respekt zu zeigen, auch und gerade in der Partnerschaft.

Sag einfach: *„Ja, ich bin dankbar!"*

Regel 8

Um Entschuldigung bitten und verzeihen!

Verletzungen sind in einer Partnerschaft unvermeidbar. Jeder macht Fehler!

Eine Entschuldigung wirkt dann wie Wunderbalsam auf die „Beziehungsschrammen".

Doch diese will auch angenommen sein.

Wer verzeihen kann übernimmt Verantwortung für sich selbst und lässt nicht länger zu, dass andere Menschen das eigene Leben dauerhaft negativ beeinflussen.

Regel 9

Ohne Ehrlichkeit keine Achtung!

Wir wollen Vertrauen schenken, vor allem dem Menschen, der uns am liebsten ist.

Dafür brauchen wir das Gefühl: Mein Partner ist eine ehrliche Haut! Lügen haben eine zersetzende Wirkung.

Lügen führen nicht nur zum Verlust der Achtung in der Partnerschaft, sondern über kurz oder lang auch zum Verlust der Achtung vor sich selbst.

Regel 10

Was Du nicht willst, das man Dir tut .....!

Dieser Merksatz ist Zusammenfassung und Wegweiser zugleich.

Er eint alle bisherigen Regeln und dient gleichzeitig als Gebrauchsanweisung.

Behandle die Menschen, die Dir begegnen, so, wie Du von ihnen behandelt werden willst! Mit Respekt!

***

„Wer in einem gewissen Alter
frühere Jugendwünsche und Hoffnungen
realisieren will,
betrügt sich immer,
denn jedes Jahrzehnt des Menschen
hat sein eigenes Glück,
seine eigenen Hoffnungen und Aussichten."

Johann Wolfgang von Goethe

Querdenken

Die weisen Worte meines Großvaters, in meinem Denken vom klassischen und konventionellen Weg abzuweichen, prägten schon früh mein Leben.

Diese Haltung entspricht zwar nicht dem mehrheitlichen Denken, dennoch bin ich bis heute dieser These treu geblieben. Es war nicht immer einfach, kritischen Stimmen entgegenzuwirken, denn Querdenken wird oftmals negativ ja bisweilen sogar als Sabotage gewertet.

In den Geisteswissenschaften spielt Querdenken eine große Rolle. Ohne Querdenker gäbe es keinen Fortschritt. Genies wie Albert Einstein, Isaac Newton, Leonardo da Vinci und Steve Jobs haben durch ihre Denkweisen die Welt verändert. Wie sagte Einstein so treffend:

„Fantasie und Vorstellungsvermögen des Menschen sind wichtiger als sein Wissen."

Nicht immer ist eine strenge Logik erfolgreich. Mit Kreativität und Querdenken kommt man oftmals schneller ans Ziel.

Mich hat hierfür z.B. das Buch „Laterales Denken" von Edward de Bono entsprechend inspiriert.

Der 1967 von Edward de Bono geprägte Begriff "laterales Denken" beschreibt die Fähigkeit eines Menschen, Probleme mit durchdachten Lösungen jenseits des logischen und deduktiven Denkens zu lösen. Einfach ausgedrückt: Eine Person kann kreativ denken, um komplexe Herausforderungen zu lösen.

Um Probleme zu lösen, stützen sich Menschen oft auf logisches Denken. Logisches Denken oder vertikales Denken ermöglicht es den Menschen, Probleme auf direkte, geradlinige Weise zu lösen. Das laterale oder horizontale Denken hingegen ermöglicht es, die Dinge anders zu betrachten.

So können Menschen, die querdenken, Lösungen für Probleme finden, die für andere nicht offensichtlich sind.

In meiner beruflichen Tätigkeit als Coach habe ich diesen Themenbereich erfolgreich in meine Workshops einarbeiten können. Über den Tellerrand zu schauen ist für mich mehr als ein Klischee. Es bedeutet, Probleme auf neue und innovative Weise anzugehen. Wenn auch der Begriff des Querdenkens oftmals verwässert und von den Medien als Angriff auf unseren Rechtsstaat geschildert wird, so hoffe ich, dass Kreativität und Vorstellungsvermögen nicht verloren gehen.

Wir brauchen diese uns angeborenen Eigenschaften dringend, um in dieser Welt weiterhin zu bestehen.

R

„*Die tägliche Erfahrung lehrt,*
dass diejenigen, welche viel reisen,
an Urteilskraft gewinnen;
dass die Gewohnheit ,
fremde Völker, Sitten und Gebräuche
zu beobachten,
den Kreis ihrer Ideen erweitert und sie von man-
chen Vorurteilen befreit. "

François Pierre Guillaume Guizot

Reisen

Warum sollten wir mehr reisen? Die Vorteile des Reisens sind nicht nur eine einmalige Sache: Reisen verändert uns physisch und psychisch.

Benalmadena Pueblo - Andalusien

Hier sind einige der wichtigsten Vorteile des Reisens und ich bin sicher, dass du selbst noch mehr finden wirst.

1. Reisen verbessert die Gesundheit

Vom Abbau von Stress bis zur Verringerung des Risikos einer Herzerkrankung - die gesundheitlichen Vorteile des Reisens sind enorm. Vielleicht sitzt du den ganzen Tag im Sessel vor dem Fernseher oder liegst auf der Couch, weil du keine Lust hast, das Haus zu verlassen. Wenn du deine Reise mit einem Spaziergang verbindest wird dich dein Körper besser fühlen.

Wenn du mehr reist, wird das wahrscheinlich einen enormen Einfluss auf dein psychisches Wohlbefinden haben, vor allem, wenn du es nicht gewohnt bist, deine gewohnte Umgebung zu verlassen.

2. Auf Reisen kannst du leicht von deinem Alltag abschalten.

Schoss Fürst Pückler - Bad Muskau

Wir neigen dazu, uns zu sehr in unser tägliches Leben zu vertiefen. Dein Partner oder Partnerin nimmt dein Leben in Beschlag? Die Kinder nutzen deine Gutmütigkeit, indem sie die Enkel ständig zu dir bringen?

Manchmal ist es das Beste, spontan eine Reise zu tun und z.B, ein Selfie vor dem Eiffelturm zu machen.

3. Reisen macht dich geistig fit!

Lerne bei jeder Reise neue Wörter in einer anderen Sprache, tauche ein in die Historie von Städten und lerne die Kultur anderer Länder kennen. Schnell wirst du eine Verbesserung deiner Gehirnkapazität feststellen.

Austern Degustation in der Bretagne

Die vielen neuen Eindrücke helfen dir, etwas über dich selbst zu lernen. Vielleicht erlebst du abenteuerliche Situationen, in denen du einfallsreich sein und anders denken musst. Ich habe selbst die Erfahrung auf meinen vielen Reisen gemacht, dass ich neue Fähigkeiten entwickelt habe, von denen ich nicht ahnte, dass ich sie in mir trage.

4. Reisen verbessert dein Verständnis für andere Kulturen.

Die Gründe für das Reisen mögen von Person zu Person unterschiedlich sein, aber Menschen, die reisen, entwickeln immer Empathie und ein tieferes Verständnis für Menschen aus anderen Kulturen.

Wage es, in Regionen zu reisen, denen du bisher skeptisch gegenüberstehst. Ich bin überzeugt, du wirst deine Meinung ändern und feststellen, dass im Ausland gar nicht alles so schlecht ist.

Es gibt ein Zitat des Heiligen Augustinus, das lautet:

"Die Welt ist ein Buch,
und wer nicht reist, liest nur eine Seite".

Man könnte es auch so sehen:

Wenn du Nachrichten liest und diese nicht hinterfragst, verpasst du eine Menge Informationen. Du denkst vielleicht, dass du dadurch die Welt besser wahrnimmst, aber das Gegenteil ist der Fall:
Du verengst deinen Blick auf eine einzigartige und voreingenommene Perspektive.

5. Reisen macht dich interessanter

Du bist sicher ein guter Gesprächspartner, wenn du jedoch ein paar Geschichten aus dem Ausland erzählst,

On the road again...

wirst du wahrscheinlich noch mehr Aufmerksamkeit bekommen. Etwas zu erwähnen, das die meisten Menschen nicht kennen, oder eine neue Perspektive einzubringen, ist immer ein guter Weg, ein interessantes Gespräch zu führen und in einer sozialen Situation zu glänzen.

Erzähle deine Erlebnisse, die Menschen, die an ihr tägliches Leben gewöhnt sind, sie werden mit deinen Geschichten mitreisen.

> *Die gefährlichste*
> *aller Weltanschauungen*
> *ist die Weltanschauung*
> *der Leute, welche die Welt*
> *nicht angeschaut haben.*
>
> Alexander von Humboldt

S

„Bin ich darum
80 Jahre alt geworden,
dass ich immer dasselbe
denken soll?

Ich strebe vielmehr täglich
etwas anderes, Neues zu denken,
um nicht langweilig zu werden.

Man muss sich immerfort verändern,
erneuern, verjüngen".

Johann Wolfgang von Goethe

Selbständigkeit

Bis ins hohe Alter sollten wir die Möglichkeit haben, unabhängig und in Würde zu leben. Selbstständigkeit ist wichtig für unser körperliches und geistiges Wohlbefinden.

Der Verlust der Unabhängigkeit kann entmutigend sein. Du hast dein ganzes Leben damit verbracht, unabhängig zu leben, zu arbeiten, Familien zu gründen und Entscheidungen zu treffen.

Sich wie ein Individuum fühlen, die Fähigkeit, im Laufe des Tages Entscheidungen zu treffen, hat einen großen Einfluss auf unser Leben in Würde. Wenn du nicht mehr in der Lage bist, eigene Entscheidungen Leben zu treffen, fühlst du dich nicht mehr als individuelle Persönlichkeit.

Wir Älteren haben unser ganzes Leben lang mit unserer eigenen Persönlichkeit und unseren eigenen Überzeugungen gelebt. Wenn wir einen Punkt erreichen, an dem wir uns nicht mehr ausdrücken können, fühlen wir uns nicht mehr wie wir selbst. Diese Gefühle können zu Depressionen, Wut oder destruktivem Verhalten führen.

Unabhängigkeit gibt uns das Gefühl der Sinnhaftigkeit. Wir haben die Möglichkeit, etwas zu erreichen, können einen Beitrag zum Leben unserer Familie, Freunde und Nachbarn leisten und uns an Aktivitäten erfreuen, die wir schon immer gemacht haben.

Die Möglichkeit, sich Ziele zu setzen und diese zu erreichen, hat eine große Wirkung, selbst wenn sie klein erscheinen. Die Unabhängigkeit ermöglicht es, sich den besonderen Herausforderungen des Alterns zu stellen und sie mit einem Gefühl der Erfüllung zu meistern.

Stolz

Stolz ist ein positives Gefühl für den eigenen Wert. Ich bin stolz auf mein Alter; ich bin mir sehr wohl bewusst, dass ich zu der Gruppe der über 70jährigen gehöre,.

Ich empfinde ein Gefühl tiefer Freude oder Befriedigung über meine eigenen Leistungen und Eigenschaften, die bis heute von vielen Menschen anerkannt werden.

Angesichts der vielen Menschen, die in letzter Zeit ihr Leben lassen mussten, wird uns allen bewusst, wie vergänglich und kostbar das Leben ist. Und es gibt eine Zukunft, auf die wir uns freuen können.

Wir sollten Verallgemeinerungen über das Altern vermeiden und Vorurteilen älterer Menschen entgegenwirken und uns nicht als passive Opfer darstellen lassen.

Genießen wir die Vorteile des reifen Alters!

Wir können auf folgende Eigenschaften, die wissenschaftlich erwiesen sind, stolz sein:

Ältere Menschen sind pragmatischer.

Wir werden zwar langsamer im Denken und Handeln, doch verbessert sich die pragmatische Komponente mit zunehmendem Alter.

Wir sind eher in der Lage, eine Situation nüchtern zu überdenken und dann eine vernünftige Lösung zu finden, ohne dabei ideologisch vorzugehen.

Ältere Menschen sind kompetenter.

Ein weiterer Vorteil des reifen Alters ist unser Wissen, das wir uns in langen Jahren angeeignet haben. Wir verfügen über eine hohe Kompetenz, beruflich wie privat und damit lassen sich bessere Entscheidungen treffen

Ältere Menschen sind erfahrener.

Einer der größten Vorteile des Älterwerdens ist die Erweiterung des Erfahrungswissens. Senioren werden gern als Ratgeber in Anspruch genommen, vor allem in schwierigen Situationen hört man gern auf ihre Ratschläge. Sie gehen gelassener mit dem Leben um und sind nicht so schnell aus der Ruhe zu bringen.

Auch ich hatte meine Probleme mit dem Älterwerden, da ich die negativen Seiten, wie Vergesslichkeit, Krankheiten und körperliche Beschwerden vor Augen sah. Dies wird maßgeblich von den Pharmaunternehmen unterstützt, die in uns älteren Menschen dankbare Abnehmer ihrer Produkte sehen.

Heute bin ich stolz darauf, den negativen Einflüssen von Politik und Medien zu widerstehen, die uns nicht mehr als Leistungsträger sondern Leistungsempfänger sehen.

T

„*Der Wunsch, ein Tier zu halten,*
entspringt einem uralten
Grundmotiv -
nämlich der Sehnsucht
des Kulturmenschen nach dem
verlorenen Paradies."

Konrad Lorenz

Tiere

Tiere als positive Therapie

Tiere können helfen, die soziale Interaktion und körperliche Aktivität zu fördern.

Haustiere bieten auch andere immaterielle Vorteile. "Hunde und Katzen leben sehr in der Gegenwart", sagt Dr. Jay P. Granat, ein Psychotherapeut aus New Jersey. "Sie machen sich keine Gedanken über das Morgen, was für ältere Menschen sehr beängstigend sein kann. Ein Tier verkörpert diesen Sinn für das Hier und Jetzt, und das überträgt sich in der Regel auf den Menschen".

Haustiere können auch eine erstaunliche Wirkung auf Symptome von Depressionen und Einsamkeitsgefühlen haben. "Ältere Haustierbesitzer haben mir oft erzählt, wie unglaublich öde und einsam ihr Leben ohne die Gesellschaft ihrer Tiere war, auch wenn es einige Nachteile hatte, ein aktives Haustier zu besitzen.

Es gibt zahlreiche Gründe, sich ein Haustier anzuschaffen. Von der Gesellschaft bis zur Sicherheit können Haustiere die Lebensqualität älterer Menschen verbessern und das Altern an Ort und Stelle erleichtern. Es ist einfach, das richtige Haustier für mich oder ein Familienmitglied zu finden, und die Vorteile können weitreichend sein.

Körperliche Vorteile

Herzgesundheit - Der häufige Umgang mit einem Haustier kann den Blutdruck und den Cholesterinspiegel senken und damit das Risiko von Herz-Kreislauf-Erkrankungen verringern.

Verbesserte Aktivität - Spazierengehen, Pflegen oder Spielen mit einem Haustier erhöht die Häufigkeit von körperlicher Aktivität und Bewegung, was wiederum zahlreiche gesundheitliche Vorteile mit sich bringt.

Gesundes Verhalten - Wer ein Haustier besitzt, achtet besser auf sich selbst. Die Pflege eines Haustieres trägt dazu bei, eine Routine zu entwickeln, die die Besitzer ermutigt, regelmäßig zu essen, Hausarbeiten oder andere Aufgaben zu erledigen.

Soziale und emotionale Vorteile

Mehr Interaktion - Der Spaziergang mit einem Hund bringt ältere Menschen aus dem Haus und bietet ihnen mehr Möglichkeiten, Kontakte zu Nachbarn zu knüpfen.

Weniger Einsamkeit - Haustiere leisten Gesellschaft und bieten isolierten Senioren eine Quelle für Zuneigung, Gespräche und Aktivitäten.

Stressabbau - Das Zusammensein mit einem Haustier erhöht den Serotoninspiegel, das Wohlfühlhormon, welches Stress abbaut. Außerdem sorgt es für Körperkontakt, was zur Beruhigung von Ängsten beiträgt.

Besseres Selbstwertgefühl - Für Senioren, die aufgrund ihres Alters, ihres Aussehens oder ihrer begrenzten Fähigkeiten entmutigt sind, sind Haustiere eine willkommene Gesellschaft, die sie daran erinnert, dass sie immer noch in der Lage sind, geliebt und gebraucht zu werden.

Lebenssinn - Die Gesellschaft eines Tieres ist ein Grund, morgens aufzustehen. Haustiere bekämpfen Depressionssymptome, indem sie das Gefühl der Wertlosigkeit oder Hilflosigkeit beseitigen. Das Wissen, dass sie geliebt und gebraucht werden, fördert die psychische Gesundheit.

V

Mit dem Altwerden ist es wie
mit Auf-einem-Berg-Steigen:

Je höher man steigt,
desto mehr schwinden die Kräfte - aber umso weiter sieht man.

Ingmar Bergmann

Visionen

Nutze die Kraft der Vision!

Wie oft höre ich von älteren Menschen: „*Wozu soll ich mir in meinem Alter noch Ziele setzen?*" Gerade im fortgeschrittenen Alter ist es wichtig, Visionen und Ziele zu haben. Jetzt haben wir Zeit und Muße, die Zeit, die uns bleibt, neu zu organisieren. Beginnen wir einen Neustart ins „Dritte Lebensalter"!

"If you can dream it, you can do it!" Ein weiser Ausspruch von Walt Disney. Was du dir bildhaft vorstellen kannst, kannst du auch umsetzen. Wir brauchen zur Umsetzung unserer Ziele klare Vorstellungsbilder. Diese Bilder entwickeln Emotionen und sprechen somit Kopf und Herz direkt an.

Nehmen wir uns große Visionäre zum Vorbild, Menschen, die durch ihre Vorstellungskraft und den Glauben an sich selbst beeindruckende Erfolge erlangt haben.

Martin Luther King gelang es mit seinem Satz *"I have a dream"* den Anstoß zur Abschaffung der Rassengesetze in den Vereinigten Staaten zu geben.

John F. Kennedy hatte die Vision, dass die Amerikaner als erste auf dem Mond landen werden. Er kündigt dies 1961 in seiner legendären Rede an.

Visionäre Unternehmer entdeckten neue Märkte.

Henry Ford hatte die Vision, dass jeder Arbeiter sich ein Auto leisten kann und war der Erfinder der Massenproduktion.

Bill Gates sah in jedem Haushalt einen Computer stehen und

Steve Jobs vertiefte diesen Gedanken, indem er die digitale Welt revolutionierte.

Die Liste bekannter Visionäre kann unendlich fortgesetzt werden und wir sollten diesen Beispielen folgen.

Nun kann sicherlich nicht jeder mit seinen Visionen die Welt verändern, doch die Wissenschaft lehrt uns, dass unser Gehirn Bilder für unsere Motivation und Bedürfnisse benötigt, da es mit Worten nur schwer erreichbar ist.

Natürlich gibt es auch Gegenargumente zur Kraft der Vision. Altkanzler Helmut Schmidt konstatierte, *wer Visionen habe, der solle doch zum Arzt gehen*. Im Volksmund heißt es, *„Träume sind Schäume"*, dennoch sollten wir uns durch diese Einwände nicht abbringen lassen, unseren kreativen Gedanken freien Lauf zu lassen.

Damit aus unseren Träumen echte und realisierbare Visionen werden, müssen sie bestimmte Kriterien erfüllen. Sie müssen unseren persönlichen Werten und unserem Lebenssinn entsprechen, denn dann haben sie die Kraft, uns zu motivieren unsere Talente und Potentiale zu entfalten.

W

„*Um fremden Wert willig
und frei anzuerkennen,
muss man eigenen haben.*"

Arthur Schopenhauer

Wertschätzung

Unser Selbstwertgefühl hängt stark mit der Wertschätzung zusammen. Wer sich selbst nicht wertschätzt, kann auch andere nicht wertschätzen und keine Wertschätzung annehmen.

Ich zitiere gern Moliere, bedeutender französischer Schriftsteller, der sagte:

„Die Dinge haben den Wert,
den man ihnen verleiht."

Das bedeutet, wenn du dich selbst alt und außerhalb des modernen Lebens siehst, wirkst du auf Menschen alt. Eine agile ältere Dame aus meinem Bekanntenkreis brachte es einmal auf den Punkt: „Wenn Menschen denken, dass sie alt und gebrechlich sind, werden sie sich verhalten, wie alte mürrische Greise."

Vergleichen wir einmal unsere Geburt mit einem glatten, unbeschriebenen Blatt Papier, auf dem unser Leben im Laufe der Jahre viele Spuren hinterlässt.

Es wird vollgeschrieben mit Erlebnissen, es entstehen immer mehr Falten und Flecken, und bald ist es total zerknittert und unbrauchbar geworden. Versuche, dieses „Lebensblatt" in die ursprüngliche Form zu bringen, es zu entfalten und zu säubern, werden scheitern. Es wird nie wieder dieses blütenweiße, glatte Papier. Für die Gesellschaft hat ein zerknittertes Blatt Papier keinen Wert, und wird achtlos entsorgt, doch für uns persönlich erzählt jede Falte, jeder Fleck eine Geschichte.

Auch „zerknittert" bleiben wir Teil dieser Gesellschaft und es liegt an uns, ihre Aufmerksamkeit und Wertschätzung weiterhin zu bekommen und den Vorurteilen entgegenzuwirken.

In welchem Alter wir uns auch befinden, es gibt immer jemanden, der uns als „alt" oder „jung" empfindet!

Wir müssen natürlich selbst etwas dafür tun, damit wir nicht ins Abseits der heutigen schnelllebigen Gesellschaft geraten.

Umgib dich mit Menschen, die dir gut tun!

Lasse dir deine wertvolle Zeit nicht von Menschen rauben, die dir nicht wohlgesinnt sind, die dich langweilen oder kein wirkliches Interesse an dir zeigen. Im Zeitalter von Facebook und Co. ist es leicht, Kommunikationspartner zu finden.

Mag sein, dass diese oberflächlichen Kontakte helfen, die Einsamkeit zu überwinden, doch wäge gut ab, wer dir wirklich einen seelischen Nutzen bieten kann.

Suche dir neue Kreise mit ähnlichen Interessen und Lebenseinstellungen. Lasse dich nicht von der Gesellschaft ausgrenzen, durch eine einseitige Idealisierung von Jugend und aktiver Berufstätigkeit.

Weisheit

Für viele westliche Menschen ist es wichtig, das Alter hinauszuzögern (indem sie sich gesünder ernähren und leben) oder es zu vermeiden (durch plastische Chirurgie), um das Unvermeidliche zu verhindern: das hohe Alter. Es stimmt, je älter wir werden, desto mehr Einschränkungen müssen wir in Bezug auf unsere Unabhängigkeit hinnehmen: Gesundheitsprobleme, Mobilitätsprobleme, sogar familiäre Probleme.

Das Altern ist nicht nur ein biologischer, sondern auch ein kultureller Prozess. Der Grund dafür könnte zum Teil in der Art und Weise liegen, wie unsere Kultur mit älteren Menschen umgeht, die sich im Vergleich zu anderen Kulturen unterscheiden kann.

In Ländern wie Korea ist der 60. und 70. Geburtstag ein wichtiges Lebensereignis, und die Koreaner haben größten Respekt vor älteren Menschen. In mediterranen und lateinischen Kulturen leben mehrere Generationen unter einem Dach, und die Weisheit der Älteren im Alter gibt ihnen Vorrang bei großen Entscheidungen, die die ganze Familie betreffen. In Indien sind die Älteren das Oberhaupt der Familie, werden von den jüngeren Familienmitgliedern unterstützt und spielen eine Schlüsselrolle bei der Erziehung ihrer Enkelkinder.

Die jugendzentrierten westlichen Kulturen basieren auf Individualismus und Unabhängigkeit, Eigenschaften, die den Einzelnen nach seiner Arbeitsfähigkeit bewertet, die im Alter nachlässt.

Es ist erwiesen, dass Weisheit und Alter Hand in Hand gehen, und dass Weisheit durch ein Gleichgewicht der Aktivität in den Gehirnregionen und durch Lebenserfahrung entsteht.

Jüngere Menschen profitieren sehr davon, von den Älteren zu lernen, und die Pflege der Älteren kann eine bereichernde Erfahrung sein, wenn man sie aus der Perspektive anderer Kulturen betrachtet.

Die alten Römer nutzten ihre älteren Menschen und vertrauten auf deren Weisheit und Erfahrung, wie Cicero zitiert:

> *"Denn es gibt gewiss nichts,*
> *was dem Menschen lieber ist als Weisheit,*
> *und wenn das Alter auch alles andere wegnimmt,*
> *so bringt es uns doch zweifellos diese."*

In der afrikanischen Kultur gibt es weniger Angst vor dem Altern, und die älteren Generationen leben in der Regel mit den Jüngeren, ähnlich wie bei den Südeuropäern und Südamerikanern unter einem Dach als große, glückliche Familie.

***

Z

> „*Die Weisheit eines Menschen*
> *misst man nicht*
> *nach seinen Erfahrungen,*
> *sondern nach seiner Fähigkeit, Er-*
> *fahrungen zu machen.*"
>
> George Bernard Shaw

Zufriedenheit

Zufrieden sein bedeutet, das eigene Alter positiv zu bewerten. Die wichtigen Fragen im Rückblick auf die eigene Vergangenheit sind:

War mein bisheriges Leben das Ergebnis meines selbst entwickelten Lebensentwurfs?

Habe ich die Ziele erreicht, die ich mir bewusst oder auch unbewusst selbst gesteckt hatte?

Unser Gedächtnis hilft uns glücklicherweise bei dieser Betrachtung. Denn negative Ereignisse werden schnell ausgeblendet. Das Positive ist fest verhaftet in unseren Gedanken und hilft uns, im Rückblick auf unser Leben eine gewisse Zufriedenheit zu erlangen. Verpasste Chancen sehen wir mit mehr Gelassenheit.

Bei näherem Hinsehen entdecken wir viele Vorteile unseres Älterwerdens:

Unser Lebensrhythmus hat sich verlangsamt - weniger Stress, Zwänge und Druck.

Wir haben mehr Zeit und Ruhe für uns selbst und können unseren Bedürfnissen entspannt nachgehen.

Bedingung für diese Zufriedenheit ist der Wille sich neu zu bewerten, neue Herausforderungen anzunehmen und sich dem Alter mit einer positiven Einstellung zu stellen

Anhang

Die wesentlichen Bedürfnisse des Menschen

(nach Steven Reiss, William McDougall und
Henry Murray)

Zum Abschluss nenne ich eine Auswahl der wesentlichen Bedürfnisse, die auch für ältere Menschen eine Bedeutung haben. Sie sind zwar nicht mehr so stark ausgeprägt oder haben sich leicht verändert, lassen jedoch nicht nach.

Der US-Testanalytiker und Motivationsforscher Steven Reiss, Professor für Psychologie und Psychiatrie an der Ohio State University, führte das menschliche Verhalten auf 16 relevante Lebensmotive (Bedürfnisse) zurück.

Wahrnehmung

Streben nach haptischen Wahrnehmungen (auch nonverbal), Beachtung und Aufmerksamkeit

Alle Menschen sehnen sich nach Körperberührung und wollen beachtet werden. Vor allem Alleinlebende ühlen sich einsam und verlassen, wenn sie nicht wahrgenommen werden.

Mein Tipp:

Beginne den Tag mit einem Guten-Morgen-Kuss, einer Umarmung oder einer liebevollen Berührung. Dies hilft gegen Traurigkeit und Schwermut.

Ein Wort des Lobes oder Anerkennung für den Partner, die

Partnerin ist ein verbales Zeichen von Wertschätzung, das zu einer zufriedenen Zweisamkeit im Alter beiträgt.

Anerkennung

Streben nach sozialer Akzeptanz, Zugehörigkeit, positivem Selbstwert, Wertschätzung, Respekt, Würdigung.

Wir älteren Menschen „ticken anders". Mitarbeiter in Verkauf oder Behörde sind hierfür noch nicht entsprechend weitergebildet worden.

Sprache oder vielmehr Sprachlosigkeit sind zur mangelnden Empathie zwischen den Generationen zum Problem geworden. Sie bestimmen den heutigen Umgang von Jung und Alt.

Streben nach Wissen, Wahrheit und Zufriedenheit der Sinne

Hören wir auf neugierig zu sein, verfallen wir in Langeweile und Lethargie. Gerade im Alter ist es wichtig, offen zu sein für das Neue.

Mein Tipp:

Erkenne das Internet als Informationsportal, um aktuelle Trends und Ereignisse zu erfahren. Somit bleibst du auf dem Laufenden und fühlst dich nicht ausgegrenzt.

Unabhängigkeit

Streben nach Freiheit, Autarkie

Auch im Alter gehören Mobilität, Selbstbestimmung und Unabhängigkeit zu den wichtigen Voraussetzungen für einen zufriedenen Lebensabend.

„Zu Hause ist es am schönsten" sagen die meisten Senioren. Sie wollen ein selbstbestimmtes Leben in den eigenen vier Wänden führen.

In den letzten Jahren sind viele neue Wohn- und Betreuungsformen entstanden, die nur leider für die meisten unerschwinglich sind.

Mein Tipp:

Erkundige dich nach neuen Wohnformen. Habe Mut zu Veränderung!

Status

Streben nach Reputation, Image und „Social Standing."

Für unsere Großeltern war klar, dass sie nach Beendigung ihres aktiven Berufslebens Einbußen in Anerkennung und Wertschätzung hinnehmen mussten.

Sie verbrachten ihre Zeit in der Ofenecke mit den Enkeln und zogen sich mehr und mehr aus der realistischen Welt zurück.

Die Zeiten haben sich gewandelt. Wir sprechen heute von den Jungen Alten, die auf Kreuzfahrten und bei Wellness-Kuren ihre Jugend neu entdecken.

Sie wollen ihren sozialen Status nicht abgeben und im Sumpf der vergessenen Generation dahinvegetieren. Der Markt hat die Bedürfnisse der jungen Alten entdeckt und beliefert sie mit immer neuen Produktangeboten.

Schwarzgekleidete trauernde Witwen findet man vielleicht noch in einigen mediterranen Dörfer; die jung gebliebenen Alten von heute unterscheiden sich kaum noch von ihren Töchtern und Söhnen.

Mein Tipp:
Suche neue Kreise, mit kreativen Menschen, die dich motivieren und geistig fördern und fordern!

Idealismus

Streben nach sozialer Gerechtigkeit und Fairness.

„Die Weisheit ersetzt im Alter den Idealismus!"

Elmar Kupke

Wenn wir uns auch nicht mehr so engagiert an Demonstrationen beteiligen, so hat das Streben nach sozialer Gerechtigkeit nicht nachgelassen.

Leider sind die „Grauen Panther" von der politischen Bühne abgetreten, und es ist schade, dass wir trotz unserer starken Macht zu wenig Lobbyarbeit betreiben.

Mein Tipp:

Beteilige dich an interessanten Foren und Gesprächsrunden. Vielleicht kannst du durch dein Engagement Einfluss auf gesellschaftliche Themen nehmen.

Emotionale Ruhe

Streben nach Entspannung und emotionaler Sicherheit.

Der berufliche Druck fällt weg und wir finden nun endlich einen Ausgleich in unserer Balance zurück.

Mein Tipp:

Wende dich endlich den Dingen zu, die du durch dein Berufsleben vernachlässigt hast.

12. Sparen / Sammeln

Streben nach dem Anhäufen materieller Güter.

Oft fällt es gerade älteren Menschen schwer, sich von Dingen zu trennen. Der Erinnerungswert hat eine große Bedeutung und kann über Einsamkeit und negative Gedanken hinweghelfen.

Mein Tipp:

Entrümple deine Wohnung und trenne dich von nutzlosen Dingen. „Wenig zu besitzen ist befreiend", erklärt der Soziologe Harald Welzer. Glaube mir, aus eigener Erfahrung wirst du diese neue Art des Minimalismus schätzen lernen.

Familie

Streben nach eigenen Kindern, Familie.

Aktive Senioren möchten am Leben teilnehmen und nicht im Ohrensessel verkümmern. Kinder und Enkel werden einen anderen Bezug zu dir als älterer Mensch entwickeln. Sie werden stolz auf dich sein, wenn du dich weiterhin für Politik, Wirtschaft und Soziales interessierst.

Lerne von deinen Kindern und Enkeln! Spiele nicht den „Oberlehrer" und vergleiche nicht die heutige Lebensart mit den früheren Zeiten! Lasst es nicht zu, als unwissende Großeltern abgetan zu werden, sondern hinterfragt Meinungen und Ideen.

Mein Tipp:

Beteilige dich an konstruktiven Diskussionen! Du wirst erstaunt sein, wie jung du dich plötzlich im Kreise deiner Familie fühlst.

Mache deinen Kindern und Enkeln keine Vorwürfe, wenn sie sich wenig Zeit für Besuche nehmen! Möglicherweise wohnen sie berufsbedingt weit von deinem Wohnort entfernt und werden durch ihren Beruf stark gefordert.

Ernährung

Streben nach bewusstem Essen.

Sorge für eine ausgewogene Ernährung, um deinen Körper mit den lebenswichtigen Nährstoffen zu versorgen! Glaube nicht allen Empfehlungen und Ernährungstipps der vielen Gurus, die sich in den letzten Jahren auf den Markt drängen!

Mein Tipp:

Folge deinen persönlichen Wünschen und Geschmacksrichtungen!

Körperliche Aktivität

Streben nach Fitness und Bewegung.

Namhafte Mediziner erforschen in wissenschaftlichen Studien, welche Bedeutung die Ausübung regelmäßiger körperlicher Aktivität für ein erfolgreiches Altern hat, und wie der Alterungsprozess durch ausreichende Bewegung positiv beeinflusst werden kann.

Um „erfolgreich" altern zu können gehört körperliche Fitness ebenso zum aktiven Tagesablauf wie die geistige Fitness.

Mein Tipp:

Du musst nicht unbedingt beim Duschen auf einem Bein stehen oder täglich für den Marathon trainieren. Eine maßvolle vor allem regelmäßige Bewegung kann Krankheiten vorbeugen und Schmerzen lindern

***

Du, ich hab' Tränen gelacht!"

Report von Prof. Klaus-Peter Dreykorn

Nichts ist so wenig steuerbar wie ein Lachen. Keine Regung des Menschen legt so unverhüllt offen, was im gleichen Moment in seinem verborgenen Inneren vor sich geht. In meinen Trainings beobachte ich stets das Lachen anderer.

Tue es doch selbst einmal. Du wirst staunen und etwas ganz Entscheidendes erfahren. Vokale prägen das Lachen! Das „A" nimmt in der Bewertungsskala den ersten Platz ein:

Wer auf „A" lacht, gilt als unbekümmert, selbstbewusst, zufrieden mit sich und der Umwelt. Vitale Menschen, die andere mitreißen können, ihre Ziele gradlinig verfolgen und es nicht nötig haben, Hintertüren zu benutzen, lachen mit dem Vokal „A".

Ist beim Lachen ein „Ä'„oder gar „E" zu hören, schwinden sofort die Sympathien. Dieses Lachen hat etwas Meckerndes, Hämisches und Schadenfrohes an sich. Es ist auch das Lachen der Arroganten.

Ein Lachen auf „I", typisch für viele junge Mädchen und Frauen, ist eher als Kichern zu definieren.

Es hat nichts mit einem herzhaften, offenen, befreienden Lachen zu tun. Hieraus lassen sich gewisse Unsicherheiten schließen.

Ein Lachen, bei dem der Vokal „O" vorherrscht, klingt nicht nur dröhnend und prahlerisch. Hohn, Trotz, Überheblichkeit und Protest klingen mit. Ehrliche Absichten stecken selten dahinter. Wichtigtuerei und Egozentrik, gepaart mit kalter Berechnung und Hinterhältigkeit, fordern auf, uns vor den O-Lachern zu hüten.

Übrig bleiben noch die U-Lacher. Diese Lacher sind kaum vom Weinen zu unterscheiden. U-Lacher gelten als sensibel und sind leicht zu beeindrucken. Sie leiden meist selbst unter ihrer Furchtsamkeit. U-Lacher sind zum großen Teil mimosenhafte Menschen, die wir nicht mit besonderer Verantwortung belasten sollten. Menschen, die auf „U" lachen, führen keine bösen Absichten im Schilde. Sie sind lediglich labil und leicht einzuschüchtern.

Wesentliche Forschungen zum Lachen und Weinen haben Dr. John Diamond und Dr. Henri Rubinstein durchgeführt. Deshalb müssen wir uns auch der Anatomie des Lachens widmen.

Erfreuliche, erheiternde, überraschende Wahrnehmungen (etwa beim Hören eines Witzes), lösen einen Reflex beim Lachmuskel „Zygomaticus" aus.

Dieser Muskel zieht die Mundwinkel nach oben. Gleichzeitig gestaute Atemluft wird rhythmisch ausgestoßen. Ein herzhaft auf den Vokal „A" lachender Mensch lässt nicht nur psychologische, sondern auch körperliche esundheit erkennen. Beim Lachen bekommen die Lungen mehr Sauerstoff. Das regt gleichzeitig die Herztätigkeit an. Unser Gehirn sondert vermehrt Endorphine ab, die z. B. auf Schmerzen dämpfend wirken, wie ein körpereigenes Opiat. Hinzu kommt, dass sich das Zwerchfell beim Lachen mit großer Heftigkeit bewegt. Es massiert wohltuend die benachbarten Organe: Herz, Lunge, Leber und Bauchspeicheldrüse.

In jahrelanger Arbeit hat der französische Arzt, Dr. Henri Rubinstein, die Auswirkungen des Lachens auf den Organismus erforscht. Durch regelmäßige „Lach-Sitzungen" therapiert Rubinstein in seiner Pariser Praxis so unterschiedliche Leiden wie Herzkranzgefäßverengung, Arthrose, die reinsten Heulsusen.

Fortschrittliche Mediziner und Psychologen empfehlen speziell ihren männlichen Patienten, die im Beruf den harten, unerschütterlichen Entscheidungsträger darstellen müssen, auf keinen Fall das Schluchzen und Weinen zu unterdrücken.

Dass Frauen soviel öfter als Männern die Augen übergehen, liegt nach jüngsten Erkenntnissen nicht nur an den Rollenklischees. Weibliche Rührseligkeit hat klar erkennbare organische Quellen. Für den Tränenfluss ist das Hormon „Prolaktin"verantwortlich, das auch die Milchproduktion in den Brustdrüsen steuert.

Dr. Frey konstatierte, dass der Prolaktinspiegel bei Frauen um 60 Prozent höher liegt als bei Männern.

Vor der Pubertät ist er bei Mädchen und Jungen gleich hoch. Beide Geschlechter weinen in diesen Jahren auch ebenso häufig. Der Biochemiker Frey entdeckte in den Tränen das Stresshormon ACTH, welches bei seelischen und körperlichen Belastungen freigesetzt wird.

Was später an weiblichen Wangen hinunterkullert, zeigt jedoch durchaus nicht immer Schmerz und Trauer an, sondern signalisiert genauso häufig Hilflosigkeit und Anlehnungsbedürfnis. Es aktiviert seit jeher alle möglichen männlichen Beschützerinstinkte.

Wichtig: Wer weint, entgiftet den ganzen Organismus. Nun könnten Gesundheitsfanatiker auf die Idee kommen, sich eine tränenreiche Entschlackung zu verordnen, indem sie, mangels Kummers, Zwiebeln schneiden. Dabei weint man zwar, doch es werden keine Stresshormone ausgeschieden. Die Natur hat es so weise eingerichtet, dass nur bei echten Gemütsbewegungen Körper und Seele durch den Tränenfluss profitieren. Tränen sind Perlen der Entspannung und Entlastung.

Ich sage: „Wer sich seiner Tränen schämt, schämt sich seiner Seele!"

Schreibe deine Lebensgeschichte!

Für wen schreibst du deine Geschichten?

Du musst keine Berühmtheit sein, um eine Biografie zu schreiben. Du solltest dir allerdings die Frage stellen: „Warum und für wen will ich Geschichten aus meinem Leben schreiben?"

Will ich meine Erinnerungen ganz für mich persönlich oder für meine Familie niederschreiben. Will ich die Geschichte meines Lebens vielleicht sogar in Buchform einem breiten Publikum präsentieren? Denke über diese Frage sorgfältig nach! Sie wird den Rückblick auf dein Leben stark beeinflussen.

Manche Menschen beginnen schon in frühester Kindheit, ihre Gedanken in Form von Tagebüchern niederzuschreiben.
Ich erinnere mich an meine Schulzeit, wenn wir Mädels unsere ersten Schwärmereien für die Nachbar-

jungen auf sorgfältig bebilderten Seiten unserer Tagebücher festhielten. Ich hatte ein schwarzes, in Leder gebundenes Buch mit einem kleinen Schloss, um es vor fremden Blicken zu schützen.

Später wurden meine Erlebnisse so vielfältig, dass mir wenig Zeit zum Schreiben blieb. Erst in den letzten Jahren habe ich entdeckt, wie wohltuend, ja fast therapeutisch es ist, seine Vergangenheit Revue passieren zu lassen. Wie viele Menschen habe ich getroffen, die ständig ihre Erinnerungen gesammelt und sie auf Hunderten von DIN-A4-Seiten sorgfältig in Ordnern abgelegt haben.

In den letzten Jahren hat der Computer uns das Schreiben und vor allem die Aufbewahrung sehr erleichtert, sodass immer mehr Biografien als E-Book oder Taschenbuch auf dem Markt erscheinen.

Die Vorbereitung

Beginne mit einem „Brainstorming" , d. h. schreibe Stichworte und kurze Sätze nieder, die dir beim Rückblick auf dein Leben in den Sinn kommen. Dabei spielt der chronologische Aufbau zunächst noch keine Rolle. Grabe in deinen Erinnerungen und hole längst vergessene Episoden und Lebensabschnitte ans Licht.

Hier ein paar Beispiele:

Erste Kindheitserinnerungen

Wo hast du deine Kindheit verbracht? Spieltest du zwischen Trümmern vom Krieg zerstörter Häuser einer Großstadt oder lerntest du schon früh die harte Feldarbeit auf dem Land kennen?

Bist du wohlbehütet in einer intakten Familie aufgewachsen, mit Vater, Mutter und Geschwistern, oder lerntest du schon früh die Realität eines „Schlüsselkinds" kennen, allein mit einer Mutter, deren Mann im Krieg gefallen war.

- Der erste Schultag. Krame in deiner Fotokiste. Sicherlich findest du ein vergilbtes Schwarz-weiß-Foto, das dich stolz mit einer prall gefüllten Schultüte zeigt

- Erinnere dich an deine ersten Spielkameraden? Ich wäre zum Beispiel immer gern ein Junge geworden, der wie alle meine Freunde Lederhosen tragen durfte, auf Bäume kletterte und Indianer spielte. Ich war immer nur die Indianer Squaw, die zunächst gefesselt an einen Marterpfahl gebunden wurde, um dann mit Indianergeheul und schwingendem Tomahawk von den Jungs befreit wurde.

- Hast du als Junge von einer elektrischen Eisenbahn geträumt, oder Bagger und Kräne mit dem Märklin-Baukasten konstruiert

- Oder hast du gemeinsam mit deiner Großmutter Puppenkleider entworfen?

Deine ersten Ferienerlebnisse

Erinnerst du dich daran wie du eine beeindruckende Strandburg aus Sand gebaut hast, oder mit dem Tretboot auf dem See herum geschippert bist?

Erlebnisse im Familien- und Freundeskreis

- die ersten Flirts
- der erste Kuss
- die erste Liebe
- der Hochzeitstag
- Geburt deiner Kinder

Blättere in deinen Fotoalben, die seit Jahren unangetastet in Schubladen und Truhen eingegraben waren. Fotos oder Filme helfen deinem Gedächtnis auf die Sprünge.

Nimm dir Zeit für deine Reise in die Vergangenheit. Stöbere nach Beweisen eines erfüllten und vielleicht abenteuerlichen Lebens.

Hier eine Liste möglicher Zeitzeugen:

- Fotos und Filme,
- Tagebücher, Notizbücher,
- alte Schulzeugnisse,

- Programmhefte von Theater- oder Konzertveranstaltungen,

- Souvenirs und Mitbringsel deiner Reisen

- Ansichtskarten,

- Liebesbriefe und -gedichte

- und so weiter.

- Die folgenden Impulse sollen dir helfen, dein Gedächtnis aufzufrischen.

Meine Kindheit

- Eltern und Großeltern

- Spielgefährten

- Meine Schulzeit

- Lehrer

- Zeugnisse

- Schulstunden

- Welche sportlichen Wettbewerbe habe ich gewonnen

Jugend

- Meine ersten Flirts?
- Welche Ferienerlebnisse waren prägend?
- Wer war mein Jugendschwarm?
- Ausbildung und Beruf,
- Wer hatte Einfluss auf mein späteres Leben?
- Wer waren meine Mentoren?
- Welche Momente waren entscheidend für mein späteres Leben?
- Partnerschaft und Ehe,
- meine Kinder und Enkel

Das Leben danach

- Nachdenkliches,
- Was habe ich in der Vergangenheit versäumt?
- Was hätte ich besser machen können?
- Welche Stationen meines Lebens waren wichtig?

Schreibe deine Geschichten so, als ob du dich mit einem Freund, einer Freundin über dein Leben unterhältst. Setze dich nicht unter Druck, sondern schreibe einzelne Kapitel z. B. nachfolgenden Kriterien:

Die chronologische Aufbereitung

Eine Geschichte chronologisch zu erzählen heißt, einzelne Ereignisse in die zeitliche Reihenfolge zu bringen. Zum Beispiel beginnt deine Lebensgeschichte mit der Geburt und endet am Tage der Fertigstellung des Buchs.

Vielleicht willst du ja auch nur einige wichtige und interessante Episoden erzählen und in die zeitliche Reihenfolge setzen. Niemand erinnert sich an die ersten Monate und Jahre nach seiner Geburt, d. h. du startest mit Erinnerungen aus deiner Kindheit. Oder du erzählst besondere Ereignisse aus deiner Schul- und Studienzeit, deiner ersten Liebe, der Hochzeit usw.

Eine weitere Möglichkeit wäre es, deine Erzählung mit deinen Vorfahren zu beginnen. Wie haben sie gelebt, bevor du das Licht der Welt erblickt hast?

Die chronologische Aufbereitung ist ein direkter und ehrlicher Weg deine Geschichte zu erzählen. Die Leser werden nicht verwirrt durch die zeitliche Abfolge und es lässt sich leicht lesen.

Andererseits ist nicht jeder Moment deines Lebens für Außenstehende interessant. Damit keine Langeweile beim Lesen aufkommt empfiehlt es sich, einige Episoden zu überspringen. Daher empfehle ich den folgenden Weg, eine Biografie zu schreiben.

Die thematische Aufbereitung

Gruppiere die einzelnen Episoden nach charakteristischen Merkmalen, die sich einander ähnlich sind. Zum Beispiel könntest du die eigene Hochzeit im Bezug zu der deiner besten Freunden oder Freundinnen beschreiben, oder deine Hobbys verglichen mit der deiner Freunde. Eine thematische Organisation hat den Vorteil, dass Leser schon im Inhaltsverzeichnis für sie interessante Themen lesen können.

Der Nachteil dabei ist, dass es schwierig wird, ein klares Bild deiner Person und Lebensgeschichte zu bekommen.

Hierfür ist der chronologische Aufbau besser geeignet.

Nun kommen wir zu einem weiteren Weg deine Lebensgeschichte zu erzählen.

Anekdotenhafte Erzählung

Der anekdotenhafte Aufbau heißt kurze und amüsante Episoden deines Lebens interessant darzustellen. Humorvolle Erzählungen werden gern gelesen und sich mit einem Schmunzeln in Erinnerung zu bringen ist sicherlich vorteilhaft. Der Nachteil hierbei ist natürlich, dass ernste und traurige Momente deines Lebens vom Leser nicht wahrgenommen werden, sodass deine wahre Persönlichkeit nicht zum Ausdruck kommt. Dies kann natürlich auch gewollt sein, um Versagen und Ängste im Verborgenen zu belassen.

Wenn du ein Kapitel beendet hast, lies es laut oder bitte einen Freund, es dir vorzulesen und zu kommentieren.

In jedem Fall empfehle ich dir, die Kapitel einzeln zu schreiben und im Computer zu speichern, oder wenn du von Hand schreibst, sie in einem Ordner abzulegen. Somit fällt es leichter mögliche Ergänzungen einzufügen und Veränderungen vorzunehmen.

Gib jedem Kapitel eine Überschrift oder eine fortlaufende Nummer. Wenn du die einzelnen Kapitel mit fortlaufenden Nummern versiehst, hast du es leichter, sie schnell zu finden. Schreibst du am Computer, vergiss nicht deine tägliche Arbeit am Abend auf einer externen Festplatte zu speichern. Es wäre schade, wenn deine Kreationen im „Orbit" verschwinden.

Vorurteile, ein Lebensbuch zu schreiben:

- Du musst eine berühmte Persönlichkeit sein.

- Du musst ein turbulentes Leben geführt haben.

- Niemand interessiert sich für meine Zeilen.

Fange einfach an!

Das Internet - Chance oder Frust!

Das Surfen im Internet ist für uns ältere Menschen nicht nur ein effizientes Gedächtnistraining, sondern auch Therapie die Einsamkeit zu überwinden. Die Welt ist näher herangerückt und eröffnet uns alle Möglichkeiten, Menschen aller Nationalitäten, mit ihren Kulturen kennenzulernen.

Mit zunehmendem Alter werden Kontakte wichtig. Viele ältere Menschen haben ihren Partner, ihre Partnerin verloren und tendieren dazu, sich von der Welt zurückzuziehen.

Der Kreis von gleichaltrigen Bekannten und Freunden wird kleiner, neue Freunde zu gewinnen schwieriger. Es entsteht schnell ein Gefühl der Einsamkeit, ein ganz normales Empfinden mit zunehmendem Alter. Das Ende wird greifbar und die Gedanken für zukünftige Aktivitäten schwinden.

Wir alle benötigen den Kontakt zu anderen Menschen. Beziehungen fördern das Wohlbefinden. Zwischenmenschliche Beziehungen sind für eine gute Gesundheit unerlässlich, vor allem, wenn das Leben Situationen bietet, die zu erhöhter Angst führen können.

Durch äußere Einflüsse werden wir zeitweise gezwungen keine persönlichen Gespräche zu führen. Die gute Nachricht ist, dass soziale Distanzierung nicht bedeutet, allein zu sein.

Hier sind meine Tipps, wie du dich engagieren und mit anderen in Kontakt bleiben kannst, um positiv und gesund zu bleiben:

Soziale Medien haben die Welt erobert und gehören heute zu unserem Alltag. Werfen wir einen Blick auf einige der vielen Vorteile der Nutzung sozialer Medien.

Was heißt Networking?

Soziale Medien sind interaktive, computervermittelte Technologien, die die Erstellung und den Austausch von Informationen, Ideen, beruflichen Interessen und anderen Ausdrucksformen über virtuelle Gemeinschaften und Netzwerke erleichtern.

Wenn ich über die Vorteile der sozialen Medien nachdenkt, fällt mir sofort das positive Element ein, sich am Leben zu beteiligen und Beziehungen zu anderen Menschen zu pflegen. Positives Altern ist eindeutig mit einem hohen Maß an körperlicher und kognitiver Gesundheit und sozialem Engagement verbunden. Soziale Netzwerke bieten vielfältige Quellen sozialer Unterstützung. Dies scheint selbstverständlich zu sein, wird aber in einer Reihe von Forschungsartikeln klar herausgestellt.

Obwohl die Technologie immer wieder für ihre Isolation verantwortlich gemacht wird, kann sie bei sozialer Distanzierung dazu beitragen, eine Gemeinschaft aufzubauen und Gefühle der Einsamkeit zu verhindern.

Millionen von Menschen nutzen bereits Social-Media-Seiten wie Facebook, Instagram und Twitter, um mit Menschen auf der ganzen Welt in Kontakt zu treten. Diese Plattformen können eine gute Möglichkeit sein, mit anderen zu kommunizieren, zu lernen und Ideen und Fähigkeiten auszutauschen.

Mache das Beste aus deinen Kontakten, indem du mit Menschen und Gruppen interagierst, die diese Plattformen auf positive Weise nutzen.

Durch die Kombination von Smartphones, Computern und Tablets mit Videokonferenzsoftware und Apps können wir mit Menschen von Angesicht zu Angesicht interagieren.

Die meisten Plattformen sind kostenlos und bieten Platz für zwei Personen bis hin zu einer großen Gruppe.

Durch die Digitalisierung ergeben sich unbegrenzte Möglichkeiten, in Kontakt zu bleiben. Hier sind nur einige davon:

- Gib eine virtuelle Kochstunde!

- Lies deinen Enkeln eine Gute-Nacht-Geschichte vor

- Nimm an Webinaren und Vorträgen verschiedener Themen teil!

- Tätige einen Telefonanruf!

Bei all den digitalen Möglichkeiten, die heute zur Verfügung stehen, erscheint ein einfacher Telefonanruf altmodisch. Aber manchmal ist die alte Schule genau das Richtige.

Allein die Stimme einer anderen Person zu hören, kann ausreichen, um deine Stimmung zu heben. Jemanden zu fragen, wie es ihm geht, kann auch genügen, um ehrlich zu sagen, dass man sich isoliert und einsam fühlt. Selbst wenn der Anruf nur auf der Mailbox landet, hast du jemanden wissen lassen, dass du an ihn gedacht hast.

Verbesserung der psychischen Gesundheit.

Normalerweise sagen wir, dass ein Mensch gesund ist, wenn er keine Krankheiten oder Gebrechen hat. Aber gesund zu sein ist viel mehr als nur das. Zu einer guten Gesundheit gehört ein umfassendes körperliches, geistiges und soziales Wohlbefinden.

Viele ältere Menschen, die aktiv Computer und Internet nutzen, berichten mir, dass es ihrer Stimmung guttut. Sie knüpfen neue Kontakte, kommunizieren mit Familie und Freunden und überbrücken damit Langeweile und Einsamkeit.

Angesichts der Fülle an Informationen, die uns zur Verfügung stehen, nutzen viele Senioren die Gelegenheit, zu recherchieren und sich über ihre eigene Gesundheit zu informieren. Das macht es wahrscheinlicher, dass sie sich gesund ernähren, körperlich aktiv bleiben und Wege finden, um ihre täglichen Aktivitäten einfacher und effizienter zu gestalten.

Der Zusammenhalt der Familie wird gefördert

Die sozialen Medien sind zu einem wichtigen Instrument geworden, um Familien miteinander in Verbindung zu halten. Du kannst Familienfotos mit geliebten Menschen teilen und gegenseitig schnelle Nachrichten schicken, um auf dem Laufenden zu bleiben. Du erfährst, was deine Kinder machen und siehst deine Enkelkinder aufwachsen, auch wenn sie nicht bei dir sind.

Gefühl der Zugehörigkeit zu einer größeren Gemeinschaft

Die sozialen Medien bieten eine Reihe von Online-Gemeinschaften, an denen wir Älteren uns beteiligen können. Auf diese Weise können wir uns mit der Welt um uns herum verbunden fühlen. Wir können über die sozialen Medien leicht mit langjährigen Freunden in Kontakt treten und persönliche Treffen vereinbaren.

Außerdem können wir so Gleichgesinnte finden und mehr über Themen erfahren, die uns interessieren.

Erleichtertes Einkaufen

Einkaufen ist etwas, das jede Altersgruppe reizt. Es spielt keine Rolle, ob man 16 oder 60 Jahre alt ist; Einkaufen macht allen Spaß. Aber für ältere Menschen kann es manchmal eine Herausforderung sein, weil sie mit dem Alter schwächer werden und nicht mehr so viel herumlaufen können. Heutzutage ist dies jedoch kein Problem mehr, denn das Online-Shopping hat die Dinge wirklich vereinfacht.

Für ältere Menschen ist es sehr vorteilhaft, alles online zu bestellen und sich nach Hause liefern zu lassen. Alles, was wir wollen, ist nur einen Mausklick entfernt, und wir brauchen nicht mehr auszugehen oder zu fahren. wir können auch von tollen Angeboten im Online-Verkauf profitieren und sogar Rabattcoupons erhalten, um weiter Geld zu sparen.

Kontinuierliches Lernen

Das Internet verändert sich ständig, und es gibt immer etwas Neues zu lernen. Dieser Aspekt kann für neugierige Senioren, die sich über gesellschaftliche Trends, auf dem Laufenden halten wollen, sehr interessant sein. Die Wissenschaft lehrt uns, dass wir bis ins hohe Alter lernfähig sind. Dazu müssen wir aber unser Gehirn trainieren, und dazu ist das Internet ein geeignetes Medium

***

Autorin

Eva Maria Dreykorn

Nach ihrer langjährigen Tätigkeit als Coach und Trainerin stellte Eva Maria Dreykorn immer wieder fest, dass alle Menschen in der Gesellschaft etwas bewirken möchten.

Vor allem ältere Menschen wollen das Gefühl haben, gebraucht und respektiert zu werden. Sie sind reich an Erfahrung, werden jedoch oftmals von der Gesellschaft durch eine altersdiskriminierende Brille gesehen. Ihre individuellen Talente und Leistungen werden daher unsichtbar.

Durch ihre vielen Aufenthalten im Ausland konnte sie feststellen, dass Älterwerden nicht bei allen Menschen auf die gleiche Weise definiert wird.

Dies nahm die Autorin zum Anlass, als Seniorencoach den positiven Aspekt des Älterwerdens zu hinterfragen. Heute sieht sie darin eine gesellschaftliche Aufgabe für die Zukunft.

Quellen- und Literaturverzeichnis:

Bundesarbeitsgemeinschaft der Senioren-Organisationen e.V., Bonn – www.bagso.de

Bundesverband Seniorentanz e.V., Bremen   - www.seniorentanz.de

De Bono, Edward: „Denkschule" – Orbis Verlag

Deutscher Psychologen Verlag, Berlin – www.report-psychologie.de

Dreykorn, Klaus-Peter: "Entdecke die geheime Macht in dir!" – Shaker Verlag

Dreykorn, Klaus-Peter: „Sexualität ist mehr als Sex!" – www.amazon.de

Dobelli, Rolf: „Die Kunst des klaren Denkens" - Hanser-Verlag

Harris, Thomas A.: „Ich bin o.k. – Du bist o.k." - Rowohlt Verlag

https://www.uibk.ac.at/

VCU Brian McNeill

Margaret Manning

assistedvillas.com/the-wisdom-of-the-aged/

PositivePsychology.com